RACHEL HELD EVANS

Una voz necesaria.
En su memoria.

HABLAN DE *FE EN DESENREDO*

"Con *Fe en desenredo*, Rachel Held Evans entra en el escenario como una escritora avezada, una narradora honesta y una voz convincente en la comunidad cristiana. Ella representa lo más esperanzador y promisorio que puede encontrarse en una nueva generación de líderes jóvenes articulados, inteligentes y fieles".

—Brian McLaren, autor y conferencista - www.brianmaclaren.net.

"Las historias que disfruto leer por estos días son las que plantean preguntas, las que viven en tensión, las que me permiten traer mis dudas e incertidumbres y participar en la conversación. *Fe en desenredo*, de Rachel Held Evans, es una de esas historias".

—Shauna Niequist, autora de *Cold Tangerines* y *Bittersweet*.

"Este libro es un alegato de Rachel en litigio con ella misma, con Dios, con la Biblia y con el fundamentalismo del sur estadounidense. De alguna manera, sin embargo, es un alegato en el que nosotros somos los ganadores porque somos los que aprendemos cuando vemos a una joven que llega a la madurez de su fe y permite que la perspectiva que Jesús tiene del reino vuelva a perfilar esa fe. Me veo a mí mismo alentándola en su intento".

—Scot McKnight, Profesor, Cátedra Karl A. Olsson de Estudios Religiosos, North Park University.

"Rachel Held Evans es brillante, valiente, real y divertida. Con su *Fe en desenredo* impactó mi peregrinaje espiritual de maneras que no habría podido imaginar. No recuerdo haber leído un libro que haya disfrutado tanto, en parte debido a que Rachel es una gran escritora, y en parte porque examina sin temor alguno el conflicto entre la fe acerca de

Dios que recibió como herencia y la verdad descubierta en su propia experiencia espiritual. *Fe en desenredo* tiene un peso que lo distingue de otras biografías espirituales existentes".

—JIM PALMER, autor de *Divine Nobodies* y *Wide Open Spaces*.

"¿Puedo decirles todo lo que admiro a Rachel Held Evans? Ella es inteligente, compasiva, divertida y persistentemente inquisidora. El impacto de *Fe en desenredo* se debe a las preguntas que Evans elabora, no a las respuestas que descubre. Hay muchos libros que valen la pena leer, pero uno que sea verdaderamente destacable te va a dejar sopesando asuntos por un largo tiempo después de haber cerrado la contratapa. Lo disfruté. El hecho de que Evans haya escrito un libro tan bien logrado a una edad tan temprana hace que quiera darle una palmada y bendecir su corazón".

—KAREN SPEARS ZACHARIAS, autora de *Will Jesus Buy Me a Double-Wide? ('Cause I Need More room for My Plasma TV)*.

"Rachel Held Evans enriquece el debate entre la fe y la duda con su voz fresca y llena de coraje; es una voz que todos necesitamos oír".

—JASON BOYETT, autor de *O me of Little Faith: True Confessions of a spiritual Weakling*.

"*Fe en desenredo* es la clase de libro que promuevo pasándoselo a otros. Rachel Held Evans subraya de manera supremamente certera su lucha por cultivar una fe genuina, transformadora, una fe que embellece el mundo. ¡Cómo amo su corazón, su peregrinaje, sus preguntas y su comprensión tentativa de Jesús! Estaré meditando en lo que este libro me aporta, en su mensaje, por meses y años venideros. Es una lectura importante".

—MARY DEMUTH, autora de *Thin Places: A Memoir*.

"Cuando nos sorprendemos haciéndonos preguntas de calibre, a veces queremos respuestas; pero en muchas otras, solo queremos un amigo que se esté planteando las mismas preguntas. Escrito con una honestidad refrescante, *Fe en desenredo*, el nuevo libro de Rachel Held Evans, va a ser para muchos esa clase de amigo".

—Chad Gibbs, autor de *God and Football: Faith and Fanaticism in the SEC.*

"La biografía de Rachel, jocosa y a la vez humilde, que la describe siendo criada en el mundo evangélico, sirve como una guía estimulante para cualquiera que esté contemplando navegar esa subcultura particular. Puesto que vi mi propio peregrinaje reflejado en sus páginas, aprecio la honestidad de Rachel que le permite revelar las dudas y las cuestiones que se levantan cuando ella señala las grietas de la fachada evangélica. La historia que aquí se cuenta es tan afirmadora de la fe como lo es de la duda. Una bella reflexión de un corazón que, con ansias, busca seguir a Dios de manera decidida".

—Julie Clawson, autora de *Everyday Justice: The Global Impact of Our Daily Choices.*

"Toda una generación de evangélicos jóvenes brillantes, basados en un malentendido común de 1 Pedro 3:15, fue educada creyendo que la fe vital y viviente era posible por una 'cosmovisión' que uno podía explicar y defender. Rachel Held Evans, una escritora joven, brillante y talentosa, con una valentía que le es natural, desafía esa 'vaca sagrada'. Su descubrimiento es, con toda seguridad, certero: necesitamos una fe que obedezca, no una cosmovisión enraizada en una certeza absoluta. Ella nos ayuda a asumir las preguntas sin perder la realidad de la fe".

—John H. Armstrong, Presidente de ACT 3 y autor de *Your Church Is Too Small.*

RACHEL HELD EVANS

- Prefacio de Sarah Bessey -

FE EN DESENREDO

Cómo una Chica que aprendió todas LAS RESPUESTAS *empieza a hacer* PREGUNTAS.

Copyright © 2010 by Rachel Held Evans.

FE EN DESENREDO
Cómo una Chica que Aprendió todas las Respuestas, Empieza a Hacer Preguntas
de Rachel Held Evans. 2019, JUANUNO1 Ediciones.

Título de la publicación original *Faith Unraveled*
Previously published as *Evolving in Monkey Town*
Published by arrangement with The Zondervan Corporation, LLC, a division of HarperCollins Christian Publishing, Inc. / Publicado por acuerdo con The Zondervan Corporation, LLC, una división de HarperCollins Christian Publishing, Inc.

ALL RIGHTS RESERVED. | TODOS LOS DERECHOS RESERVADOS.
Published in the United States by JUANUNO1 Ediciones,
an imprint of the JuanUno1 Publishing House, LLC.
Publicado en los Estados Unidos por JUANUNO1 Ediciones,
un sello editorial de JuanUno1 Publishing House, LLC.
www.juanuno1.com

JUANUNO1 EDICIONES, logos and its open books colophon, are registered trademarks of JuanUno1 Publishing House, LLC. | JUANUNO1 EDICIONES, los logotipos y las terminaciones de los libros, son marcas registradas de JuanUno1 Publishing House, LLC.

Library of Congress Cataloging-in-Publication Data
Name: Held Evans, Rachel, author
Fe en desenredo: cómo una chica que aprendió todas las respuestas, empieza a hacer preguntas / Rachel Held Evans.
Published: Hialeah: JUANUNO1 Ediciones, 2019
Identifiers: LCCN 2019953666
LC record available at https://lccn.loc.gov/2019953666

REL012120 RELIGION / Christian Living / Spiritual Growth
REL077000 RELIGION / Faith
REL106000 RELIGION / Religion & Science

Paperback ISBN 978-1-951539-15-3
Ebook ISBN 978-1-951539-16-0

JuanUno1 Publishing House, LLC, agradece profundamente a
- SARAH BESSEY -
por el Prefacio "En Su Memoria", realizado especialmente para esta edición.

Créditos Foto de Rachel Held Evans utilizada en interior y portada:
Maki Garcia Evans

Traducción: Alvin Góngora
Editor: Tomás Jara
Diagramación interior: María Gabriela Centurión
Diseño de Portada: ZONA21.net
Director de Publicaciones JUANUNO1 Ediciones: Hernán Dalbes

First Edition | Primera Edición
Hialeah, FL. USA.
-2019-

*A mamá y papá
por haber creído en mí lo suficiente
como para hacerme prometer a mis ocho años de edad
que les dedicaría mi primer libro*

Contenido

Prefacio de Sarah Bessey "En Su Memoria"   13
Prólogo   17
Introducción: Por qué soy evolucionista   19

PARTE 1 HÁBITAT

1. Premio a la Mejor Actitud Cristiana   31
2. June, la Dama de los Diez Mandamientos   49
3. Monkey Town   53
4. Greg el Apologeta   67
5. Cuando los escépticos preguntan   71

PARTE 2 DESAFÍO

6. Nathan el Soldado   85
7. Cuando los creyentes preguntan   91
8. Jesús, Dios en sandalias   103
9. La culpa del sobreviviente   111
10. Juan el Revelador   123
11. Caminos que son más altos   127

12. Laxmi la Viuda	137
13. Cosas de Dios	143
14. Mark el Evangelista	155
15. Día del Juicio	159
16. Adele la Oxímoron	173
17. Juegos de esgrima bíblico	177

PARTE 3 CAMBIO

18. Sam la Feminista	193
19. Adaptación	197
20. Dan el Arreglatodo	207
21. Viviendo las preguntas	211

Agradecimientos	221

Prefacio

"En Su Memoria"

Sarah Bessey

Al igual que muchos más, conocí inicialmente a Rachel a través de sus palabras; sus palabras profundas, provocadoras, honestas, diseñadas con primor artesanal. En su blog, inmensamente popular, su voz en las redes sociales y, posteriormente, sus libros, ella escribía para todos los que dudamos y soñamos, los escépticos y los cínicos, los hambrientos y los sedientos; aquellos de entre nosotros que queríamos creer, pero que, de alguna manera, todavía nos hacíamos las preguntas del tipo "¡Ajá! Pero, ¿y qué con esto...?" de la escuela dominical.

Rachel creó un albergue para los refugiados espirituales que luchamos con las grandes preguntas los que buscamos ser honestos con nuestras propias heridas, y anhelamos encontrar el amor de Dios. Pero ella también fue una esposa dedicada a Dan, su esposo. La alianza que forjaron fue una maravilla digna de contemplar. A él también lo van a conocer en estas páginas. Ella fue una madre excepcional para sus niños. Una vez, cuando ella y yo llevábamos a cabo una conferencia, oímos el llanto de su bebé desde los bastidores del escenario. Rachel inmediatamente abandonó la plataforma, fue y tomó a su bebé y regresó para seguir predicando con su niña que ahora descansaba plácidamente en sus brazos. No había línea fronteriza alguna entre la vida de Rachel y su trabajo. Ella integraba todos esos aspectos sin que se notaran las costuras divisorias.

Cuando Rachel murió a la edad de tan solo 37 años, el duelo unió a su familia, sus amigos y su comunidad con millones de dolientes alrededor del mundo. La pérdida de Rachel sigue escapándose a todo intento de explicación. Ella fue mucho más que una autora exitosa, mucho más que una teóloga pública de respeto, mucho más que una conferencista persuasiva y más que una organizadora de conferencias: ella fue también una pastora, una profeta, una amiga fiel para tantos en este peregrinaje, una lideresa para nuestra generación en la iglesia.

Rachel fue un alma nada común: tan tierna como fuerte, tan brillante como amable. Ella fue de esa clase de mujeres que convierte los correos de odio en cisnes de origami, de las que interactuaba con sus lectores como si fueran sus amigos, de las que amó sus raíces hundidas en la pequeña ciudad en la que sus ojos se abrieron al mundo, de las que gustaba de las conversaciones más que de las respuestas, de las que nunca perdió el deleite de la placidez de la tierra y el trino del ruiseñor. Ella siempre creyó que había un lugar en la Mesa y vivió generosamente.

Rachel y yo nos contactamos por primera vez gracias a nuestra interacción por internet, pero luego llegamos a ser amigas en la vida real. Por muchos años estuvimos la una junto a la otra: cuando dábamos a luz a nuestros bebés, cuando escribíamos nuestros libros, cuando nos animábamos la una a la otra, cuando hacíamos algún trabajo juntas. Su amistad me hizo más decidida, más sabia, más despierta, mucho más honesta y más amorosa para con mis vecinos. La extraño profundamente.

Cuando su editor me pidió que escribiera algunas palabras a modo de introducción a su trabajo, fui y volví a leer una vez más este libro. Han pasado ya algunos años desde que invertí mi tiempo en estas páginas y ahora, cobijada por mi dolor, vuelvo a revivir una vez más el recuerdo de sus dones tan notables, su sabiduría, su brillantez y su espíritu de acogida. Ella es también, de verdad, realmente divertida.

Siento celos. Ustedes están leyendo sus palabras por primera

PREFACIO

vez: les espera una sorpresa agradable. Cuando ella escribía, fue la duda la que rescató su fe. No es eso lo que muchos líderes de la fe nos cuentan. Ellos nos dicen que son nuestras certezas, nuestra fuerza inconmovible, nuestra sumisión callada lo que nos salva. En estas páginas, Rachel hará por ustedes lo que ella hizo por muchos de nosotros: les va a dar permiso. Permiso para que miren sus a dudas fijamente a los ojos, para que las nombren y para que luego se planteen la pregunta temible: "¿Y si soy yo quien está equivocado?". Esa pregunta puede ser terrible, pero también puede ser sanadora. ¿Qué si somos nosotros los que nos equivocamos con un Dios vengativo, castigador, cruel? ¿Qué si nos equivocamos al temer que la ira y la furia están destinadas para nosotros? ¿Qué tal si somos nosotros los equivocados? ¿Si mi modo de adorar a Dios o de entenderlo no es la única historia a narrar? ¿Y qué tal que Dios fuese mucho mejor de lo que nos podíamos haber imaginado? Hay libertad en las preguntas. Rachel se nos adelantó y abrió para nosotros un sendero a seguir. Tal como ella lo escribe: "Los caminos de Dios son más altos que nuestros caminos, no porque él sea menos compasivo de lo que nosotros somos, sino porque él es más compasivo de lo que nosotros podamos imaginar".

Rachel vivió su vida a plenitud dentro del ámbito del amor compasivo y ahora ese Amor la abraza.[1] Ella vivió a cabalidad sus preguntas. Y nunca perdió su amor por relatar la Historia. Ahora que nos las tenemos que arreglar de alguna manera en este mundo sin Rachel, estoy más que agradecida porque hoy puedo hablar por cada una de las palabras que ella nos escribió a nosotros. Sus palabras, un camino de migajas de pan que conduce justo a la Casa del Dios generoso, incluyente y amoroso.

—Sarah Bessey, autora de *Jesus Feminist* y *Miracles and Other Reasonable Things,* amiga personal de RHE.

---

1. En el original, *"she is held in that Love now."* Juego de palabras con su nombre: *Held,* "abrazada" (nota del traductor).

Prólogo

Si escogiste este libro buscando un análisis objetivo del cristianismo o una interpretación no sesgada de la Biblia, hay algunas cosas que es mejor tener en cuenta antes de empezar.

La gente me dice que exagero.

Tiendo a cambiar de idea.

Mi blog *Stuff White People Like* (*Cosas que les gustan a los blancos*) representa de manera dolorosa mi estilo de vida y mis hábitos.

Nunca he vivido al norte de mi calle, Mason-Dixon Line.

A veces pienso que las mujeres atractivas carecen de inteligencia.

He sido herida por gente cristiana.

Aunque voté por el ganador en las últimas tres elecciones, me las ingenio para sentirme políticamente marginada cada vez.

Lloré durante una hora cuando supe que Tim Russert había muerto.

Enjuicio a la gente que creo que se lo pasa enjuiciando a los demás.

Con tan solo veintisiete años, probablemente esté muy joven como para escribir una autobiografía.

Casi siempre soy fan de los perdedores, y a veces tengo la sensación de que Dios también.

Supongo que lo que estoy tratando de decir es que no soy exactamente una observadora imparcial. Mi cultura, mi niñez, mi género, mis prejuicios, mis esperanzas, mi imaginación, mis virtudes y mis vicios, todas esas cosas moldean mi perspectiva del mundo y la impregnan de sentido. Al igual que todo el mundo, también arrastro mi equipaje que es tan parte de mi peregrinaje de fe como los picos altos, los valles y los atractivos trechos largos del camino que me gustaría que se perpetuaran por siempre.

Soy muchas cosas, pero justa y balanceada, no. Así que ahora que ya sabes en lo que te estás metiendo, adelante. Sigue leyendo.

Introducción
Por qué soy evolucionista

Les tengo miedo a los monos. Cada vez que oigo hablar de chimpancés que resuelven problemas matemáticos o de Koko, la gorila que se vale del lenguaje de señas para pedir su desayuno, me siento amenazada de manera inexplicable por sus cualidades e inteligencia tan similares a las humanas. Hago lo mejor que puedo para evitar la sección de los simios en los zoológicos y esos documentales aterradores de Dian Fosey en *Animal Planet*.

Cuando estuve de viaje en las estribaciones del Himalaya, en la India, donde los macacos salvajes se trepan a los puentes y se suben a los cables de energía eléctrica, un mono en particular se quedó mirando con incredulidad el bolso de mi cámara y luego me miró a mí, como si me preguntara "¿Quién te crees que eres, llevando todo ese equipo sofisticado por todo un país en el que la mitad de la población ni siquiera tiene lo suficiente para comer?". Es posible que yo esté imaginando demasiado, pero podría jurar que luego se volvió a su compañero y le susurró algo al oído, quien me miró disgustado con ojos de impaciencia. Después de eso, estuve aún más atenta a mi cámara.

Yo supongo que mi mono-fobia tiene algo que ver con la sospecha engañosa de que, después de todo, los biólogos están en lo cierto. Es posible que el mono y el hombre compartan un mismo ancestro, lo cual explica nuestras similitudes misteriosas. Es un tanto desconcertante pensar que los seres humanos modernos hayamos llegado tan tarde a la escena de la evolución, que Dios se haya demorado millones y millones de años para al fin dar con la idea. Ese escenario lastima, a decir verdad, nuestro orgullo y pone en aprietos la noción de que hayamos sido creados a la imagen de Dios.

Para empeorar las cosas, en algún momento de la ruta me dijeron que la creencia en la teoría de la evolución y la creencia en un Creador personal y amoroso se excluían mutuamente; me dijeron que si la Biblia no era digna de confianza como para explicar certeramente los orígenes de la vida, no se podía confiar para nada más en lo sucesivo, y que la fe cristiana estaría perdida. El compromiso con una creación literal que ocurrió en seis días, que incluía la formación de Adán y Eva como su clímax, tenía una importancia tan fundamental en mi joven fe que invertí los primeros veinte años de mi vida garabateando palabras como *debatible* e *improbable* en los márgenes de los libros de ciencia. Me imagino que cada vez que algún monito astuto intenta deshacer todo eso con su sonrisa picarona, me acoge algo de ansiedad.

Charles Darwin sostenía que la supervivencia o la extinción de un organismo estaban determinadas por su habilidad para adaptarse al medio. La incapacidad para adaptarse es lo que explica por qué los mamuts lanudos no sobrevivieron el final de la Era Glacial y por qué nuestro parabrisas almacena caca de palomas y no de dodo. Todavía no sé qué hacer con la evolución. Los científicos tienen un buen caudal de evidencias que perfectamente la sustentan, mientras que los teólogos tienen muy buenas razones bíblicas y filosóficas para ser cautos en cuanto a sus implicaciones.

Sin embargo, tengo la sensación de que si resulta que Darwin está en lo cierto, la fe cristiana no se va a desbaratar al final del día. La fe es más resiliente que eso. Cual si fuera un organismo vivo, la fe tiene una capacidad asombrosa de adaptación al cambio. En el mejor de los casos, los cristianos asumimos esa cualidad y abrimos, en la ortodoxia, el espacio suficiente para que Dios nos sorprenda de cuando en cuando. En el peor, lanzamos pataletas y chillamos para abrirnos paso en cada cambio que ocurre, quemamos libros y puentes e incluso gente en el entretanto. Pero si nos podemos ajustar al universo de Galileo, también nos podemos ajustar a la biología de Darwin, incluso a la parte de los monos. Si hay algo de lo que puedo estar segura es de que la fe puede sobrevivir a todo, siempre y cuando pueda evolucionar.

Yo fui fundamentalista. No de la clase aquella que odia a los Teletubbies, se apresta para el apocalipsis y se asemeja a Jerry Falwell; sino de la que cree que Dios ya lo tiene todo organizado, que ya nos dijo todo y no tiene nada más que decir. Fui fundamentalista en el sentido de que creía que la salvación consistía en tener las opiniones correctas acerca de Dios y que pelear la buena batalla de la fe requería defender esas opiniones a toda costa. Fui fundamentalista porque mi seguridad, sentido de valor y sentido de propósito en la vida estaban todos envueltos en la sábana confeccionada a partir de la seguridad de tener a Dios de la manera correcta: creer las cosas correctas acerca de él, decir las cosas correctas acerca de él y convencer a los demás para que también abracen lo que es correcto acerca de él. Los buenos cristianos, creía yo, no sucumben a las arenas movedizas de la cultura. Los buenos cristianos, solía yo pensar, no cambian sus mentes, no cambian de idea.

Mi amiga Adele dice que el fundamentalismo consiste en aferrarse tan fuertemente a tus creencias que tus uñas se entierran en la palma de tu mano. Adele es gay. Ella sabe mejor que nadie qué tan afiladas pueden estar esas uñas. Pienso que tiene razón. Fui fundamentalista, no debido a las creencias que yo sostenía, sino a cómo las mantenía: con un agarre mortal. Se necesitó que Dios mismo finalmente arrebatara algunas de ellas de mis manos.

El problema con el fundamentalismo es que no puede adaptarse al cambio. Cuando cuentas con tus creencias como si fueran absolutamente esenciales, el cambio nunca es una opción. Cuando el cambio nunca es una opción, vas a tener que esperar que el mundo se mantenga exactamente como está para que no estropee la perspectiva que tienes de él. Yo creo que esta es la razón por la cual algunos telepredicadores lucen tan agitados y molestos. Para los fundamentalistas, el cristianismo está perpetuamente en el borde mismo del precipicio del desastre, a solo un descubrimiento científico, un cambio cultural o un difícil interrogante teológico de su extinción. Temerosos de perder el control con el que aprisionan la fe, le exprimen toda la vida que tiene.

Afortunadamente, la habilidad para adaptarse al cambio es uno de los mejores rasgos de la fe cristiana, así nosotros, con frecuencia, lo pasemos por alto. Yo solía pensar que la verdadera fe cristiana —o al menos su versión más pura— había comenzado con Jesús y sus discípulos, caído en un hiato de unos mil años durante el reinado del catolicismo romano, regresado con Martín Lutero y la Reforma protestante, y vuelto a caer nuevamente bajo el sitio que le impusieron los humanistas seculares. Yo tenía la impresión de que los elementos más importantes de la fe no habían cambiado con el paso de los años, sino que simplemente se habían perdido y habían sido redescubiertos. Estaban ahí en la Biblia, tan simples y tan claros como podían estarlo, y era nuestra labor como cristianos defenderlos y protegerlos de todo cambio.

Sin embargo, la historia real del cristianismo no sigue una línea tan recta. La historia real involucra muchos siglos de conflictos, desafíos y cambios. Desde el momento mismo en el que Jesús flotó en las nubes en su ascensión, dejando a sus discípulos en tierra enmudecidos, los cristianos han luchado por definir y aplicar los elementos fundamentales de su enseñanza. No nos la hemos pasado los últimos dos mil años simplemente defendiendo los fundamentos; hemos invertido esos dos mil años decidiendo muchos de ellos.

Las cosas se ponen calientes cuando algunos fundamentos falsos se cuelan en la fe y solo un cambio dramático en el entorno puede arrancarlos de raíz. El geocentrismo, por ejemplo. En los tiempos de Galileo, la iglesia predicaba con tal firmeza el paradigma tradicional de un universo geocéntrico que cualquiera que viniera con una evidencia que probara lo contrario era excomulgado. En esa época, la mayoría de los cristianos creía que la Biblia hablaba claramente de asuntos cosmológicos. La tierra tiene un fundamento (Job 38:4), que no se mueve (Salmo. 93:1; Proverbios. 8:28). Incluso el teólogo protestante Juan Calvino consideraba el geocentrismo tan fundamentalmente cierto que aseguraba que quien creyera que la tierra se movía estaba poseído por el diablo.[1]

Pero si un universo geocéntrico fuera así de vital para su supervivencia, el cristianismo ya hubiera muerto con la aceptación que ganó la cosmología heliocéntrica. ¡Solo imagina el poder de un telescopio para deshacer siglos y siglos de fe! Al contrario, los cristianos se adaptaron. Estoy segura de que les costó acostumbrarse a ese cambio, pero los creyentes encontraron una manera para repensar e imaginar de nuevo su fe en el contexto de un nuevo entorno, uno en el que ya no estaban en el centro del universo. Cuando el medio ambiente cambió, ellos optaron por cambiar sus mentes antes que extinguirse. Para decirlo en términos menos nobles, ellos decidieron negociar.

Si bien la capacidad para adaptarse al cambio está en el ADN de la iglesia, raramente ocurre el abandono de falsos fundamentalismos sin que se dé una pelea. Los primeros cristianos discutieron si a los nuevos convertidos debía exigírseles que siguieran la ley judía. Los reformadores Wycliff y Hus fueron rotulados como herejes por insistir en que la gente debería poder leer la Biblia en sus propios idiomas. Cuando Martín Lutero cuestionó la venta de indulgencias por parte de la iglesia, desencadenó uno de los mayores debates en toda la historia en torno a los fundamentos cristianos, arriesgó su excomunión e incluso corrió el riesgo de ser asesinado por cuestionar una doctrina que ya era aceptada. Unos pocos años después, los mismos protestantes ejecutaron sistemáticamente a los anabaptistas por sostener la "herejía" ´de que una confesión de fe debía darse antes del bautismo. No hace mucho tiempo, en Estados Unidos las denominaciones se dividieron en

---

[1]. William J. Bouwsma, *John Calvin: A Sixteenth-Century Portrait* (Oxford: Oxford University Press, 1988), 72.

torno a desacuerdos en lo relacionado con una perspectiva bíblica de la esclavitud. La Convención Bautista del Sur se organizó originalmente porque los bautistas en el sur estadounidense no querían que los bautistas del norte les dijeran que tener esclavos era malo. Después de todo, argumentaban, la Biblia enseña claramente que los esclavos deben obedecer a sus amos.

Al mirar atrás, desde luego, nos es fácil identificar dónde se equivocó la iglesia. En abril de 1993, el papa formalmente declaró inocente a Galileo de la acusación de herejía; trescientos sesenta años después de su condena. De manera similar, la Convención Bautista del Sur, en 1995, votó a favor de una resolución sus orígenes racistas.

A todos nos gustaría creer que, de haber vivido en esos tiempos de la iglesia primitiva o de la Reforma protestante, nosotros nos hubiésemos puesto del lado de la verdad; pero en todos esos casos, esa postura hubiera exigido de parte nuestra un ejercicio arduo de cuestionamientos profundos a las enseñanzas fundamentales de esa época. Debemos cuidarnos de imitar a los fariseos que se jactaban de que si *ellos* hubieran vivido en los tiempos de los profetas, hubieran protegido al inocente (ver Mt. 22:30), pero a renglón seguido armaban un complot contra Jesús y perseguían a sus discípulos.

Con todo esto en mente, yo me pregunto a veces qué clase de convicciones hubiera sostenido de haber vivido en una época y lugar diferentes. ¿Hubiera usado la Biblia para defender mi derecho a tener esclavos? ¿Hubiera sido una ferviente seguidora de las Cruzadas? Para empezar, ¿hubiera decidido seguir a Jesús?

Esa es la razón por la que trato de mantener una mente abierta en lo que tiene que ver con monos, y es eso por lo que me considero evolucionista; no necesariamente evolucionista en su acepción científica, sino en lo tocante a la fe. Así como se dice que los organismos vivos evolucionan con el tiempo, de igual manera la fe evoluciona, tanto a un nivel personal como colectivo. La evolución espiritual es la explicación de por qué el cristianismo ha florecido mientras que otras religiones han perecido. Esa evolución explica la razón por la cual nuestras hermanas y nuestros hermanos en la Zimbabue rural y los de la Iglesia Ortodoxa Griega pueden adorar a un mismo Dios en una amplia diversidad de formas. El cristianismo nunca hubiera sobrevivido la marea del tiempo, mucho menos su propia expansión mundial, de no haberlo creado Dios con su habilidad innata para adaptarse a los entornos cambiantes. Esa misma versatilidad que le permitió a Pablo "hacerse todo con toda la gente" se aplica a la iglesia colectivamente. La capacidad que tiene el cuerpo de Cristo para cambiar —para producir aletas cuando necesita nadar y alas cuando necesita volar— la ha preservado por dos mil años, a pesar de predicciones incontables de su desaparición inminente.

He ahí por qué soy evolucionista. Soy evolucionista porque creo que la mejor manera para revindicar el evangelio en épocas de cambio es no aferrándose aún más firmemente a nuestras convicciones, sino sosteniéndolas con una mano abierta. Soy evolucionista porque creo que a veces Dios se vale de los cambios en el entorno para arrancar de nuestras manos los ídolos que atesoramos y enseñarnos algo nuevo. Soy evolucionista porque, de no haber sido por la evolución, yo hubiera perdido mi fe.

Todo comenzó de una manera imperceptible —una pregunta insistente aquí, una idea nueva allá, un mundo siempre cambiante, cada vez de más fácil acceso en todas partes—, pero antes de que me percatara de lo que estaba ocurriendo, justo cuando me iba a graduar de una universidad cristiana, los veinte años de presunciones incuestionables de mi fe fueron asediados de pronto por la duda.

Insatisfecha con respuestas fáciles, comencé a plantear preguntas más difíciles. Puse en cuestionamiento lo que creía eran los fundamentos: la condenación eterna de todos los no cristianos, la exactitud histórica y científica de la Biblia, la capacidad para conocer la verdad absoluta y la politización del mundillo evangélico. Cuestioné a Dios: su justicia en lo relacionado con la salvación, su bondad al permitir tanta pobreza e injusticia en el mundo, su inteligencia al confiarle a los cristianos la tarea de arreglar las cosas. Luché con pasajes de las Escrituras que parecían condonar el genocidio y la opresión a las mujeres, y bregué para encontrarle algún sentido al orgullo y la hipocresía en la iglesia. Me pregunté si el Dios de mi niñez era realmente el Dios que yo quisiera adorar. A veces llegué a preguntarme si en realidad existía.

Pero, en lugar de matar mi fe, esas dudas la llevaron a un renacimiento sorprendente. Para sobrevivir en un medio ambiente nuevo y volátil tuve que abandonar convicciones viejas y desarrollar, en su lugar, otras nuevas. Tuve que mirar más de cerca lo que yo ya creía y discernir lo que era esencialmente cierto. Pasé de la seguridad que proviene de gatear en el cieno de mis creencias heredadas a la vulnerabilidad de estar de pie, con mi cabeza y mi corazón expuestos, en la verdad de mi propia experiencia espiritual. Evolucioné; no pasando a ser una mejor criatura que las que me rodeaban, sino para construir un yo mejor, uno que estaba mejor adaptado, un yo que no le temía a sus nuevas ideas y dudas e intuiciones, un yo cuya fe podía sobrevivir al cambio.

Si bien la evolución en una escala amplia e histórica ocurre de vez en cuando, la evolución en el interior de las almas de las personas sucede cada día, cada vez que adaptamos nuestra fe al cambio. La evolución implica dejar ir nuestros fundamentos falsos de tal manera que Dios pueda llegar a esos ámbitos sombríos a los que no estamos seguros de si quisiéramos que él llegara. La evolución implica estar en paz con equivocarnos, estar en paz con no tener todas las respuestas, estar en paz con nunca vernos como una obra acabada.

Mi historia narra ese tipo de evolución. Es un desplazamiento de la certidumbre a la fe por la vía de la duda. No se trata de respuestas que yo haya encontrado, sino de las preguntas que planteé; preguntas que, imagino, tú te puedes estar haciendo ahora. No es una historia linda, no es ni siquiera una historia terminada. Es una historia de sobreviviente. Es la historia de cómo evolucioné en un entorno para nada promisorio, un pequeño lugar llamado *Monkey Town*.

PARTE 1

HÁBITAT

CAPÍTULO 1

Premio a la Mejor Actitud Cristiana

La gente a veces me pregunta cuándo fue que me hice cristiana. Esa es una pregunta de difícil respuesta porque estoy muy segura de que para la época en que le pedí a Jesús que entrara en mi corazón, él ya había estado viviendo ahí por un buen tiempo. Por entonces yo tenía cinco años. Era una personita bastante compacta, con trenzas que salían de mi cabeza como mazorcas de una planta de maíz, y recuerdo haber pensado que era bastante raro que alguien tan importante como Jesús necesitara una invitación. Lo extraño ahora es el hecho de que antes de que yo perdiera mi primer diente de leche, antes de que yo aprendiera a montar en bicicleta, antes de que me graduara del kínder, ya le había entregado mi vida a un hombre que le pedía a sus seguidores que amaran a sus enemigos y que se arriesgaran a ser ejecutados públicamente si fuera necesario. Puede ser algo muy injusto como para pedírselo a una niña, pero muy pocos de los que deciden seguir a Jesús saben desde el comienzo en lo que se están metiendo.

No puedo recordar un momento en mi vida en el que no haya conocido a Jesús. Los relatos de la repartición de panes y peces, de mares tormentosos que se calman, de un burro que cabalga entrando a Jerusalén fueron tan parte de mi crecimiento como *Jack y las habichuelas mágicas* y *La cenicienta*. Fueron relatos que me enseñaron mis padres y maestras de la escuela dominical, que eran lindas, olían a menta y dejaban que yo las llamara por sus nombres sin anteponer ningún *Miss*. La verdad es que se trataban de mucho más que historias. Eran relatos pomposos que fluían como corrientes de agua hacia mi propia historia y que creaban torrentes que me empujaban y le daban dirección a mi vida.

Tuve una niñez simple y envidiable. Vivimos en Birmingham, Alabama, hasta cuando yo tenía doce años, en una casa pequeña con un jardín trasero inmenso. La casa estaba ubicada en la parte alta de un montículo desde el que se veía el aeropuerto. Un roble enorme en la mitad del patio nos daba sombra en el verano y arrojaba hojas amarillentas brillantes en el otoño. Durante el día, Amanda —mi hermana menor— y yo recogíamos bellotas y armábamos trampas para los conejos con las cajas donde venían los zapatos. Por la noche nos sentábamos en el pórtico y veíamos las luces de los aviones que subían y bajaban como si fueran estrellas fugaces. Hasta donde sabíamos, éramos tan ricas como si fuéramos reinas. La única vez que sospeché que eso no pudiera ser así fue cuando oí, al pasar, a una amiga de mi madre hacerle bromas porque lavaba y reutilizaba los vasos de plástico. Al parecer éramos pobres, pero no *tan* pobres.

Como hija de un teólogo certificado, memoricé "Las Cuatro Leyes Espirituales" antes que la dirección de mi casa. Mi padre había obtenido su grado en teología del Dallas Theological Seminary, una institución famosa por haber producido pastores de megaiglesias de la talla de Chuck Swindoll, Tony Evans y Andy Stanley. Sin embargo, antes que enrolarse en una vida dedicada al ministerio eclesial de tiempo completo, mi padre se dedicó a la educación cristiana, lo que, creo, es la explicación de lo de los vasos de plástico. Como profesor universitario, mi padre invitaba con frecuencia a sus estudiantes más brillantes a la casa para compartir con ellos café y conversaciones interminables sobre hermenéutica, escatología y epistemología. Me gustaba quedarme dormida al sonido de sus voces ondulantes que venían desde la sala. Me sentía segura sabiendo que, mientras yo dormía, mi padre estaba despierto y en conversaciones importantes acerca de Dios.

Siempre tuve un sentido de admiración reverente hacia mi padre. No es que creyera que él tenía poderes sobrenaturales ni nada por el estilo. Más bien, yo me imaginaba que él y Dios tenían muchas cosas en común, que los dos compraban suscripciones a las mismas revistas y que usaban la misma clase de zapatos. En retrospectiva, me doy cuenta cuán importante fue que mi padre me haya amado tan abiertamente y que me haya escuchado con tanta atención. Mi primera impresión de mi Padre celestial fue que él también era suave, juguetón y amable.

A pesar de haber conocido el dispensacionalismo mucho antes de lo que debí haberlo hecho, nunca me sentí presa de un mundo de eternas asistencias a la iglesia. Mi madre había sido criada como Bautista Independiente, y cuando niña se le prohibió bailar e ir a cine. Decidida a no caer en el legalismo, ella dejó que Amanda y yo esperáramos hasta que nos sintiéramos lo suficientemente creciditas y listas como para ser bautizadas, participar de la santa cena o pedirle a Jesús que entrara en nuestro corazón. Su desdén, que mantenía en privado, hacia los convites programados por la iglesia y las reuniones de negocios eclesiales nos libró de andar metidas en la iglesia cada vez que se abrían sus puertas, y yo no podía dejar de darme cuenta lo incómoda que ella se sentía cada vez que el pastor disertaba sobre las esposas que deben estar sometidas a sus maridos. Adoraba esa parte de ella, así como me gustaba la fragancia cereza-almendras de su loción cada vez que me llevaba a mi cama.

Como maestra sustituta en mi escuela de primaria, mi madre era conocida por ser afectuosa con los niños más necesitados. Aquellos cuyos padres estaban siempre ausentes, los que llegaban con la camisa sucia, los mocosos y los que presentaban dificultades en el aprendizaje siempre salían del salón exudando autoconfianza. Creo que heredé de ella un corazón sufriente que, combinado con el idealismo curioso de mi padre, accidentalmente hicieron de mí una liberal. Si mi padre le dio al cristianismo una cabeza, mi madre le dio un corazón y unas manos. Lo que me llevó inicialmente a pedirle a Jesús que entrara en mi corazón fue la ternura con la que mi madre contaba la historia de la cruz; una ternura mezclada con cereza y almendras.

Cuando eres niña, ser cristiana es similar a formar parte de una sociedad secreta. Recuerdo cómo me emocionaba cada vez que descubría unos de esos emblemas *ichtus* en el carro de alguien, o cuando escuchaba que el supermercado ponía como música de fondo alguna canción de Amy Grant. Nada me entusiasmaba más que identificar a algún correligionario, especialmente alguien famoso. "¿Sí supiste que Donnie, de *New Kids on the Block*, fue salvo?", me preguntó Julie, mi mejor amiga, mientras recogíamos bellotas bajo el roble. "Mi papá dice que Michael Jordan es cristiano", añadí yo. Todo eso quería decir que ellos eran de los nuestros, que ellos también conocían el santo y seña para entrar al cielo. Debo admitir mi cierta dosis de decepción cuando supe que el 85% de estadounidenses se identifica como cristiano. Saber que eres parte de la mayoría desluce todo el cuento, lo hace menos dramático, menos sexy.

Las guerras culturales de las décadas de los ochenta y los noventa se batieron durante buena parte de los años de mi crecimiento y culminaron con la elección de George W. Bush cuando estaba en mi segundo año en la universidad. En ese ambiente político, ser un buen cristiano significaba adoptar toda una gama de causas tales como la protección de la familia tradicional, mantener el nombre de Dios en el juramento de lealtad a la bandera y respaldar el derecho a portar armas. Supe acerca del aborto mucho antes de que supiera de dónde venían los bebés, y aprendí la manera de culpar efectivamente a la exclusión de la oración en las escuelas públicas por casi todo, desde la tasa de criminalidad hasta la de suicidios. Lloré durante varias horas cuando supe que mi abuelo paterno, un demócrata de toda la vida, había apoyado a Bill Clinton en 1996. Yo tenía por entonces la impresión de que mi abuelo se iría al infierno por esa razón.

Como evangélica en el más cierto sentido de la palabra, escribí una vez el plan de salvación en un pedazo de cartulina, hice con él un avión y lo mandé volando por encima de la cerca del patio trasero de mis vecinos mormones. Amanda me delató, por lo que me pasé el resto de la tarde arrastrando mi barriga sobre la tierra tratando de recuperar mi avión de papel con una vara por debajo de la cerca de los vecinos. Mi vecindario fue, para mí, mi primer campo de misión. Con frecuencia convencía a Amanda y Julie para que me acompañaran en alguna treta como meter tratados evangelísticos en los buzones de los vecinos, o cantar himnos a todo pulmón mientras dábamos vueltas por la calle en bicicleta. Según cuenta Julie, una noche en la que me quedé en su casa, la alarma de la secadora me tomó tan desprevenida y me asustó tanto que salté de la cama y anuncié que Jesús había regresado para llevarnos a todos en el arrebatamiento.

Imagino que cuando creces escuchando a Ravi Zacharias todas las mañanas desde el preescolar, terminas convirtiéndote en una especie de curiosidad evangélica. Yo fui la niña díscola que retiraba las figuras de los magos en los pesebres para que la historia de Adviento se expusiera con mayor fidelidad. De manera cortés corregía a mi maestra de escuela dominical cuando ella hablaba de que Jonás había sido tragado por una *ballena* (todo el mundo sabe que la palabra se traduce literalmente como "gran pez") o cuando decía que el fruto prohibido en el jardín del Edén era una manzana (que probablemente fue alguna especie de fruta del Medio Oriente, como el higo). Mi madre me recordaba casi a diario que mi primera responsabilidad en la vida era ir a una buena universidad cristiana y casarme con un buen chico cristiano. Supongo que me hice a la idea de que seguiría siendo cristiana por siempre. Era como ser estadounidense: nada que tú pudieras cambiar.

Cuando llegué a cuarto grado sabía tanto cómo defender la existencia de Dios que usé la misma estrategia apologética para defender la existencia de Papá Noel antes mis compañeros de clase, que ya se mostraban escépticos. Nuestras conversaciones en el patio más o menos seguían el siguiente libreto:

Escéptico: ¿Cómo sabes que Papá Noel es real? ¿Acaso lo has visto?

Yo: No, no lo he visto, pero Papá Noel deja evidencias suficientes de su existencia como para que podamos probarla más allá de toda duda. Todos los años yo encuentro los regalos que me ha dejado debajo del arbolito de navidad y las migajas en la cocina ahí, justo debajo de la mesa donde le dejo sus galletas. Yo no puedo ver a Papá Noel directamente, pero todas esas cosas apuntan hacia él, así como las ramas de los árboles que se doblan apuntan a la existencia del viento.

Escéptico: ¿Cómo es que hay un Papá Noel diferente en cada uno de esos almacenes grandes?

Yo: Esos son auxiliares de Papá Noel que, con su permiso, se ponen ese disfraz para poder hacer listas de regalos que todos los niños en todo el mundo quieren para la navidad.

Escéptico: Todo el mundo sabe que los renos no pueden volar. ¿Cómo es que Papá Noel se moviliza?

Yo: Sí, es cierto que los renos no vuelan. Sin embargo, los renos en el poder del Espíritu Santo pueden hacer todo lo que Dios les dice que hagan, y esos son los renos de Papá Noel. Para conocer un prototipo, solo lee la historia de la burra de Balaam en el libro de Números.

Escéptico: ¿Cómo puede una persona llegar a todos los techos de las casas del mundo en tan solo una noche?

Yo: ¿Quién dijo que Papá Noel es una persona? Aunque San Nicolás no se menciona por nombre, la Biblia nos indica con claridad la existencia de seres angelicales sobrenaturales cuya primera responsabilidad es proteger, informar y bendecir a los seres humanos. Si Papá Noel es un ángel en una misión encomendada por Dios para premiar a los niños buenos el mundo, tiene toda la posibilidad de desplegar una fuerza y una velocidad sobrenaturales.

> **Escéptico**: ¿Y qué de los niños que dicen que han visto a sus padres yendo a escondidas, en medio de la noche, hasta el arbolito a poner los regalos ahí debajo el 24 de diciembre?
>
> **Yo**: Tristemente, esos niños pueden estar diciendo la verdad. Miren; la amplitud del poder de Papá Noel en nuestras vidas, al final de cuentas, depende de nuestra disposición a aceptarlo. Aquellos padres que optan por no creer en Papá Noel pierden por siempre la bendición de su visitación, y así, no les queda otro recurso que apoyarse en sus propios métodos para abastecer a sus niños de regalos de navidad.
>
> **Escéptico**: ¿Por qué los niños malos siguen recibiendo regalos?
>
> **Me**: Se llama gracia, desde luego.

Yo bien pudiera haber escrito un libro titulado *Cuando los escépticos preguntan: un manual de evidencias de las gratas nuevas de navidad*, pero, por supuesto, tras una larga y cruenta batalla interior, opté, más bien, por abandonar la idea. Imagino que se me fue despejando el panorama. A medida que fui creciendo, empecé a tener la claridad suficiente como para reconocer los sobretonos juguetones entre las voces de los adultos cuando me preguntaban qué me había traído Papá Noel y las inconsistencias desconcertantes sobre cómo se las ingeniaba para distribuir todos esos juguetes. Incluso llegué a pensar que si Papá Noel fuera, de hecho, real, mi apologeta favorito, Josh McDowell, lo estaría usando como evidencia de lo sobrenatural.

Siendo niña, la única vez que llegué a dudar de Dios fue cuando mi piel empezó a brotarse. Durante la mayor parte de mi vida sufrí de un eczema severo al punto de que la menor provocación llevaba a todo mi cuerpo a declararse en rebelión contra sí mismo. Todo lo que se necesitaba era una brizna de nuez escondida en un *brownie*, una semana estresante en el colegio, una chaqueta de poliéster, o algún desconocido agente alergénico para que me envolviera la tortura de una picazón universal que me llevaba a desgarrar mis brazos y mis piernas por días y días, rascándome hasta sangrar, lo que me dejaba con largos trechos rojizos de piel irritada que podían infectarse y convertirse en ampollas o llagas abiertas. Avergonzada por lo que me había hecho a mí misma, me ocultaba bajo mangas largas, no usaba faldas y me hacía invisible en un rincón de los vestidores antes de la clase de gimnasia. Siempre llevaba conmigo a todas partes un tubo arrugado de hidrocortisona, mantenía las uñas supremamente cortas, hasta el borde mismo de su médula, y me cubría las manos con medias durante la noche.

Mi eczema le agregó un dato de inquietud incontrolable a todo lo que hacía. Los videos caseros me muestran abriendo mis regalos de cumpleaños y rascándome, leyéndole a Amanda y rascándome, sentada en el regazo de Papá Noel y rascándome, mirando el Monte Rushmore y rascándome. Yo no era más que huesos y movimientos, como *Animal* en algún especial de los *Muppets*. Mis padres me llevaron a todos los dermatólogos de Birmingham, cada quien con su respectivo ridículo remedio casero. Una rutina consistía en cubrirme con una capa de gelatina de petróleo y luego envolverme por treinta minutos en toallas cual si fuera una momia. Otra más era la de sumergirme en un baño de una mezcla olorosa, penetrante, de agua tibia y vinagre tres veces por semana. Cuando las cosas se ponían realmente graves, mi madre cedía y dejaba que el médico me diera una inyección de esteroides. Por pocos días después, yo podía disfrutar de una piel tan suave como la de un bebé.

"Tú te vas a curar con el tiempo, a medida que crezcas", me dijo un médico una vez. "Mi hija tuvo un eczema severo hasta los doce años. Una mañana se despertó y el eczema se había ido". La anécdota del médico me dio una meta hacia la cual enfocarme. Todas las noches me rascaba y le pedía a Dios que me permitiera crecer y dejar eso atrás.

Todos los niños tienen sus paranoias. Amanda pasó todo un

mes sin consumir alimentos sólidos porque estaba convencida de que su garganta se estaba cerrando, y Julie estuvo por semanas buscando a sus padres reales después de haber leído *The Face in the Milk Carton*.[1] Por esa época, mi mayor temor era que yo terminara por desenmascarar a Dios, que de manera accidental me topara con algo terrible, alguna cosa que no se pudiera nombrar y que probara que él no era tan grande y bueno como la gente mayor lo había confeccionado. A veces, cuando despertaba y encontraba que mis sábanas estaban manchadas de sangre, me preguntaba si Dios acaso me escuchaba, o si él andaba ocupado en otra cosa. A veces me preguntaba si él existía. Todas las dudas y perplejidades amorfas que reptaban hasta mi subconsciente comenzaron a asumir la silueta de una pregunta persistente: ¿Y qué si he estado equivocada?

No fue una cuestión lo suficientemente fuerte como para deshacer mi fe juvenil, pero la pregunta llegó para quedarse; se incrustó como la piedrita en el zapato.

No estoy segura de la razón —quizá se debió a que quería impresionar a mi padre, o quizás pensé que así podría llamar la atención de Dios—, pero siendo niña me entró la obsesión de ganar premios. Desde sellos AWANA[2] hasta trofeos de marchas en la banda, pasando por cintas obtenidas en las competencias de gimnasia, mi cuarto lucía todos los botines de una superganadora. Los premios que me traían un orgullo particular eran los que le rendían homenaje a mi aptitud religiosa, y la joya de la corona era el codiciado Premio a la Mejor Actitud Cristiana.

Yo estudié la primaria en un colegio privado en Birmingham, en donde alrededor de la mitad de todos mis compañeros eran cristianos, un hecho que tenía poco efecto en nuestro comportamiento, excepto, desde luego, que si nos metíamos en problemas

---

1. Filme hecho para la televisión estadounidense (1995) basada en la novela con el mismo título por Caroline B. Cooney (nota del traductor).
2. Ministerio evangélico de discipulado infantil fundado en 1950 (nota del traductor).

con la maestra también estábamos en líos con Dios. Todos los años, solo dos alumnos por clase, una chica y un chico, recibían el Premio a la Mejor Actitud Cristiana. Ese era el único galardón por el cual todos los estudiantes podían votar, lo que lo convertía en una especie de concurso espiritualizado de popularidad que incluso niñas torpes como yo, absolutamente distanciadas del modelo de la *cheerleader*, podían ganar.

Mi estrategia para obtener el Premio a la Mejor Actitud Cristiana todos los años incluía tener lápices y lapiceros de sobra en mi pupitre para prestárselos a los niños necesitados, permitir con gracia que mis compañeros se me adelantaran en la fila a la fuente de agua, tratar de no delatar ni poner quejas a fin de ganarme el voto indisciplinado, y mandarles notas de cariño y ánimo a Isabella y Juanita para conseguir el voto de la minoría indecisa.

En la hora diaria de las oraciones, intencionalmente resaltaba el drama de los pobres, los sin techo, los paganos, mientras que los otros niños se extendían monótonamente pidiendo por sus hámsteres enfermos. Por todas partes andaba con mi Biblia, la llevaba incluso a la clase de gimnasia, y me las arreglaba para mencionar de manera casual que mi papá era teólogo. Tan pronto me sentía amenazada por alguien (como la vez cuando, en quinto grado, todos supimos que Christina Simpson quería ser misionera cuando fuera grande), de manera astuta reservaba todo mi chismorreo para esa persona de tal manera que al final el año ella tuviera unos cuantos puntos de demérito más que yo. Era demasiado calculadora para mi edad, ya sabía manejar ciertos hilos: echar a rodar rumores acerca de la competencia, caerles bien a los nuevos estudiantes para ganármelos, posar de niña inocente y especialmente dulce en las semanas previas a la votación. Me temo que yo era la única que pensaba todo el año en el Premio a la Mejor Actitud Cristiana.

Gané el premio durante cuatro años consecutivos, y probablemente lo hubiera ganado de nuevo si en octavo grado no me hubieran matriculado en la escuela pública, en donde ese premio hubiera violentado la cláusula de establecimiento de la Primera

PREMIO A LA MEJOR ACTITUD CRISTIANA

Enmienda de la Constitución de Estados Unidos. Siempre he sentido que los premios tienen una forma de pactar una tregua interna entre mi deseo secreto de "ser descubierta" y mi temor persistente a "ser desenmascarada". Recibir un premio significa que la gente todavía cree que soy una persona excepcionalmente maravillosa y talentosa. Eso significa, también, que no tienen la más remota idea de que, debajo de todo eso, soy un fraude total. Los premios siempre posponen lo inevitable.

Recuerdo estar pensando en esto en sexto grado, justo unos minutos después de que los votos habían sido depositados para el Premio a la Mejor Actitud Cristiana. Estaba preocupada de que mi maestra llegara a darse cuenta, por mi tipo de letra, que yo había votado por mí misma cuando Evan, el chico regordete y rubio sentado a mi derecha, dejó caer accidentalmente su lápiz, que rodó por todo el pasillo y se detuvo debajo de mi pupitre. En silencio, Evan me hizo una señal para que, por favor, lo recogiera, y dudé porque él era uno de los indisciplinados y yo no quería que la maestra me sorprendiera llevándole y trayéndole cosas a un niño de esa categoría. Pensé por un momento que ayudarlo me daría algunos puntos para el Premio a la Mejor Actitud Cristiana, pero recordé inmediatamente que los votos ya habían sido depositados, así que solo le sonreí, me encogí de hombros y esperé que él no estuviera en mi salón el año siguiente. ¡Pobre Evan! No tuvo más que abrirse camino para recoger su lápiz, lo que dio como resultado que la maestra lo regañara severamente (por alguna razón detestaba que los chicos se movieran de sus puestos), lo que le trajo la pérdida de dos puntos a su favor. Nunca voy a olvidar el gesto de desaliento en su rostro, la mirada de quien ha sido traicionado, ni tampoco la sensación de que mi corazón se hundía dentro de mí como una piedra cuando lo vi.

En ese momento, recordé la vez que Amanda y yo estábamos jugando en el bosque detrás de la casa cuando nos fijamos en una pequeña concentración de mariposas azules que revoloteaban alrededor de lo que parecía ser una piedra negra brillante. Sus alas de color zafiro resplandeciente nos atrajeron, pero cuando me acerqué para observar mejor, descubrí que la pequeña piedra negra brillante no era ninguna piedra sino una culebra muerta, de las que se alimentan de ratas en los jardines, y que las mariposas se estaban comiendo el cadáver. Sentí escalofríos en mi piel; me recorrió una ola de temor y susto por todo el cuerpo. Para no asustar a Amanda, la desafié a que apostáramos a quién llegaba primero a la casa. Corrimos por entre los árboles loma abajo, y yo sentí como si arrastrara un secreto pesado, algo de lo que no se podría hablar. Por alguna razón decidí que no podía contarle a nadie lo que había visto, ni siquiera a mis padres. Hasta el día de hoy no puedo ver esas mariposas azules sin sentir esa sensación extraña, inexplicable, de que el peligro acecha.

Creo que todo el mundo recuerda la primera vez que fueron confrontados con su propia depravación. La mía fue cuando no quise recoger el lápiz de Evan. Fue allí cuando me di cuenta de que era una pecadora, que no era mejor que los soldados que clavaron a Jesús en una cruz. Lo terrible e indecible que temía descubrir en Dios, lo había descubierto en mí misma. Me sentí como una impostora, como si yo fuera un secreto sucio. No era más que una brillante mariposa azul zafiro que se alimentaba de los restos de una culebra muerta.

Cuando tenía trece años, nos trasladamos de Birmingham a Dayton, Tennessee, la sede del famoso juicio que se conoce como el caso Scopes Monkey, de 1925. Mi padre empezó a trabajar en un cargo administrativo en Bryan College, una pequeña universidad cristiana en la ciudad que lleva ese nombre en honor a William Jennings Bryan, un famoso defensor del creacionismo. La institución pasaba por un buen momento y las inscripciones estaban en un punto alto, gracias, en parte, a las advertencias que los líderes evangélicos lanzaban acerca de los peligros de la educación secular. Los beneficios del nuevo cargo de mi papá incluían la educación gratuita para Amanda y para mí. El campus de Bryan se extendía en la parte alta de uno de los puntos más elevados de Dayton, por lo que tanto los profesores como los estudiantes se referían a la universidad como "la ciudad asentada en un monte".

PREMIO A LA MEJOR ACTITUD CRISTIANA

Desde la capilla uno podía observar el valle allá abajo y ver toda la ciudad: su famoso palacio de justicia, la sede del Concejo Municipal, las luces esplendorosas del estadio de fútbol americano de Dayton City School, y una chimenea que emitía sus resoplidos de vapor hacia el cielo.

En una de mis primeras cartas a Julie le conté que "todo el mundo en esta ciudad es cristiano", mientras trataba de ocultar mi desaliento ante el hecho de que ya no tendría a nadie más para evangelizar. La verdad es que la cultura del Cinturón Bíblico permeaba todos los aspectos de la vida en Dayton, desde oraciones dilatadas que se elevaban al comienzo de los concursos de belleza y al inicio de las sesiones del Concejo Municipal, hasta leyes que prohibían la venta de copas de licor, pasando por las pequeñas iglesias de ladrillo que se encontraban en casi todas las esquinas de casi todas las calles. La mayoría de mis profesores de ciencias pasaban por alto los capítulos sobre la evolución en los textos de biología, no fuera que provocaran la reacción severa de los padres de familia.

Con todo eso en mente, mis padres se sintieron tranquilos como para matricularme en el colegio público de secundaria, en el otoño de 1995, en donde el momento devocional se llevaba a cabo por el sistema de sonido ambiental en las mañanas y en donde los partidos de fútbol del equipo de mi colegio, Rhea County High School, se iniciaban con un momento de oración (al parecer, nadie en Dayton había recibido el memo de Madalyn Murray O'Hair[3]). Mis compañeros de colegio eran los mismos que iban a mi iglesia, y fue así como encontré mi lugar en un grupillo de *nerdos* de bandas religiosas que me introdujeron en el menú corriente de la vida rural: fogatas en la primavera, zambullidas al desnudo en el verano, cubrir los antejardines con papel higiénico en el otoño e ir a jugar bolos en el invierno.

En general, mi vida en la secundaria giraba en torno a las

---

3. Madalyn Murray O'Hair (1919-1995) fue una activista atea estadounidense que encabezó la lucha por la separación de la Iglesia y el Estado. Fundó la asociación *American Atheist* y la revista *American Atheist Magazine* (nota del traductor).

actividades del grupo juvenil y el calendario de ensayos en la banda Rhea County High School Marching Band. Yo tocaba la flauta durante los conciertos y el *piccolo* durante la temporada de fútbol. A veces, cuando la música me parecía supremamente difícil, o la marcha muy demandante, disimulaba mi actuación. Sarah, mi mejor amiga, me llevaba en su auto de aquí para allá, lo que garantizaba que llegáramos a tiempo a todas partes: al club bíblico, al grupo juvenil de la iglesia, al campamento de la banda, a los partidos de fútbol los viernes por la noche. Divertida e inteligente, Sarah no solo toleraba mi celo religioso sino que parecía admirarlo. Ella me ayudaba a planear las reuniones del club bíblico y los momentos de *See You at the Pole*,[4] encargándose de manera meticulosa de todos los detalles mientras que yo me ocupaba de las cosas más notorias, como dirigir las oraciones y dar charlas. Yo le agradecía por hacer docenas de grabaciones todas mezcladas. Esas cintas, una mezcolanza de mis obsesiones musicales por entonces, no eran más que una cacofonía de voces que nos permitían definir nuestra experiencia escolar compartida: Pearl Jam, Rich Mullins, John Philip Sousa.

Durante mi adolescencia me sentí más cerca de Dios que en ninguna otra etapa de mi vida. Oraba de manera incesante, todas las inseguridades de mi adolescencia las depositaba a los pies de mi Padre celestial que me amaba mejor de lo que cualquier chico pudiera hacerlo, y que no reparaba en mis aparatos dentales ni en mis trenzas y por eso podía ver la niña hermosa y sin mancha que yo era. La Biblia era poesía para mí. Cada palabra, cada verso me aportaban frutos maduros para mi sostén. La Biblia me alimentaba, y yo devoraba ese alimento sin hacer preguntas y sin entretenerme en dudas y sin atragantarme con los huesecitos que encontraba. A veces me iba por el sendero flanqueado por árboles que iba desde mi casa hasta el campus de Bryan College, me sentaba debajo de un enorme roble blanco —muy similar al de

---

4. Literalmente, "Nos vemos en el asta de la bandera", es una reunión anual durante la jornada escolar en el que cientos de estudiantes cristianos se dan cita en el punto central de las instalaciones del colegio o escuela, en el asta de la bandera, para dar testimonio público de su fe mediante oraciones y canciones (nota del traductor).

mi niñez— y meditaba en las Escrituras. La verdad es que en esos momentos hasta llegué a esperar que al levantar la mirada iría a ver a Jesús allá arriba sentado en una de las ramas más altas, y que me sonreiría cuando yo orara. Él nunca pareció estar más allá del rabillo de mis ojos.

Con Jesús mirando atentamente sobre mis hombros y con las mejores intenciones, me dediqué a dar testimonio de mi fe a mis compañeros de la escuela Rhea County High School. Fue una decisión un tanto desafiante ya que la mayoría de ellos eran cristianos. Mi estrategia consistió en ser efusivamente amigable con toda persona con la que me cruzaba, siempre atenta a la más mínima oportunidad en la conversación que condujera naturalmente a una discusión sobre la muerte expiatoria y sustitutiva de Jesús. A la hora del almuerzo y entre las clases, charlaba con el que fuera y con quien quisiera escuchar —con todo el mundo— desde las bastoneras siempre sensuales y malhumoradas que no sabían mi nombre, hasta las góticas ocultas detrás de sus muchas capas de maquillaje, pasando por los buenos chicos malos cuyas chaquetas de camuflaje olían a hojas secas y cigarrillo.

Desde mi perspectiva, el problema en Dayton no era que la gente no hubiera oído el evangelio; el problema era que el cristianismo había llegado a ser una parte tan integral de la cultura que ya funcionaba como un culto popular, una religión folclórica. Casi todos los que llegué a conocer habían respondido al llamado al altar en algún punto de sus vidas. Llegué a convencerme aún más de que los mejores y más seguros cristianos eran aquellos que sabían en qué creían y por qué lo creían. La salvación no consistía tan solo en ser cristiano; tenía que ver también con ser la clase correcta de cristiano, uno que hacía las cosas tal cual el Libro lo estipulaba.

Orienté mis esfuerzos a evangelizar a los evangelizados mediante estudios bíblicos en las mañanas y caminatas de oración, mediante la invitación de la gente a la iglesia y mediante la distribución de copias gratuitas de *The Case for Christ*.[5] Tuve una columna de inspiración en el periódico estudiantil y puse por escrito mi cosmovisión cristiana en ensayos y proyectos de escritura creativa cada vez que me fue posible. Por si acaso alguien pudiera dudar de mis posturas, tomé un marcador y escribí "Dios es maravilloso" en color rojo en un pedazo de cinta pegante, y lo adherí a mi morral.

En realidad, sigue siendo una evidencia del poder de las hormonas adolescentes el hecho de que alguien quisiera cortejarme. A mis dieciséis, como la chica-póster del movimiento *El Verdadero Amor Espera*, llegué a ser citada en un artículo en Christianity Today que resaltaba el programa de abstinencia sexual de mi colegio, que contaba con financiación del Estado a nivel federal. "Al final de la clase", le dije al reportero, "la gente sexualmente activa se sentía tan estúpida que no se lo contaban a nadie. Yo puedo mantener mi frente en alto. Sí. Soy virgen".

Debí haber sido la única adolescente en el planeta que disfrutaba las lecciones de pureza inducida por la culpa mucho más que los adultos que dictaban esas clases. Con todo, me las ingenié para atraer a algunos chicos que pensaban que una muchacha exageradamente amigable, con senos grandes, con un anillo de pureza sexual en su dedo y un complejo de salvadora era intrigante, especialmente el mismo año en que se lanzó en las salas de cine *Cruel Intentions*. Los más inteligentes disimulaban estar interesados en las conversaciones sobre espiritualidad a fin de poder tener mi número telefónico. Muy pocos pasaron la prueba del discurso de dos horas de duración sobre estar en un mismo yugo.

Con Sarah solíamos conversar por horas sobre cuán fácil sería todo una vez llegáramos a Bryan College, donde todos los muchachos querían casarse e ir al seminario. Nos imaginábamos que allá encontraríamos amigos que pensaban igual que nosotras, respuestas a todas nuestras preguntas acerca de Dios y esposos que nos llevarían de Dayton a algún lugar exótico, algo así como el

---

5. Edición en español, *El caso de Cristo*, por Lee Strobel (nota del traductor).

campo misionero o una megaiglesia.

A veces ansío esos días de certidumbre, cuando la fe era algo tan seguro como el trueno después de un relámpago, o como el aroma de almendra y cereza en la noche. Las cosas cambiaron demasiado desde entonces, y no necesariamente para mal.

CAPÍTULO 2

June, la Dama de los Diez Mandamientos

La primera vez que vi a la Dama de los Diez Mandamientos en persona, ella cantaba "Sublime gracia" al lado de la máquina dispensadora de servilletas en McDonald's. Era un jueves frío por la noche a finales de noviembre y, como siempre, era la sesión semanal de música góspel en un salón sin sillas, solo para estar de pie, a la que venían cientos de personas de la vieja guardia de Dayton. Fue a la altura de la tercera estrofa —"A través de muchos peligros, trabajos y trampas"— que reconocí a June como la solista. Lucía tan arreglada, con su abundante cabello canoso peinado de tal manera que podía ver su cara, y su figura delgada puesta tan educadamente delante del micrófono. Llevaba un traje rojo manzana con una miniatura de los Diez Mandamientos en la solapa, y su voz de soprano sostenía bien la melodía. ¿Podría esta sesentona delgada, sin pretensiones, ser June Griffin, la legendaria defensora de los Diez Mandamientos, de la Declaración de los Derechos y de la autoridad bíblica? El aplauso vacilante que siguió a su actuación me informó que, en efecto, la había encontrado. Nadie en esta ciudad realmente ha sabido qué hacer con June Griffin.

June, que vive según el lema "Por Dios y por el país", ha vivido en la zona por más de veinte años. Antes de esa noche, yo había visto su foto en el periódico muchas veces. Ella se postuló sin éxito varias veces al Congreso presentando una plataforma que incluía la eliminación del impuesto a la renta, la abolición del sistema de seguridad social y de la asistencia social. Es la fundadora de *Soldados Ciudadanos por la Bomba Atómica*, un grupo que confronta cualquier protesta antinuclear que se realice frente al cercano Laboratorio Nacional Oak Ridge y "ora por la muerte prematura" de los que se oponen al derecho de Estados Unidos a defenderse de sus enemigos.

La primera vez que escuché hablar de June fue en la escuela secundaria, a finales de los noventa, cuando mi autobús escolar pasaba por su almacén en la autopista 27 todas las mañanas y todas las tardes. En la parte de afuera de la tienda ella ponía un cartel que generaba todo tipo de controversias cada vez que reorganizaba las letras semana a semana, con declaraciones tales como "La inmoralidad sexual conduce al castigo eterno", durante el escándalo Clinton-Lewinsky; "El SIDA es una maldición de Dios", en el Día Mundial del SIDA; y "¡Qué buen disparo!" en el Día de Martin Luther King Jr. En la mañana de mi graduación, en 1999, publicó un mensaje de advertencia para mí y mis compañeros de promoción: "Educación Superior = Degradación moral".

June se ganó su título de Dama de los Diez Mandamientos cuando, en respuesta al destierro de Alabama del juez Roy Moore y su famoso monumento de los Diez Mandamientos, en 2003, recorrió los noventa y cinco condados de Tennessee para tratar de convencer a los funcionarios electos de que el Decálogo sea exhibido en los edificios públicos. Gracias a June, el monumento de granito de 5280 libras que había sido expulsado de Alabama hizo una parada en Dayton en la parte trasera de un camión de plataforma antes de que se embarcara en una gira nacional. En su cruzada para salvar los Diez Mandamientos, June escribió cientos de cartas a los periódicos de todo el estado. Fueron tantas las cartas que ella le escribió al periódico local que el editor del *Dayton Herald* tuvo que establecer un límite al número de misivas que un individuo podía enviar en una semana determinada. Si ingresas el nombre June en Google vas a encontrar cientos de sus ensayos que varían de tópico, desde la divinidad de Cristo hasta un homenaje al supremacista blanco Byron De La Beckwith. Por otro lado, June gana dinero extra vendiendo su exótico delantal "Declaración de Derechos" en convenciones y ferias. La prenda incluye dos bolsillos: uno para tu Biblia y otro para tu arma.

La campaña más reciente de June es contra lo que ella ve como la invasión de nuestro país por parte de extranjeros. Se hizo arrestar recientemente cuando irrumpió en una tienda mexicana en el centro, exigiendo que el propietario, un inmigrante legal, retirara la bandera mexicana de la vitrina. Cuando él se negó, ella la arrebató y exigió que "aprenda a hablar inglés o se largue". El dueño de la tienda contactó a la policía, que acusó a June de robo, vandalismo e intimidación de los derechos civiles. Cuando un periodista local le preguntó si "No robarás" no era uno de los Diez Mandamientos, ella insistió en que Dios la dejaría ir libre en esta ocasión ya que sus acciones eran parte de una guerra justa. En su camino hacia la cárcel del condado de Rhea, ondeó una pancarta: "Recuerda El Álamo".

Pensé en todo esto mientras escuchaba a June cantar bajo los arcos dorados, esa noche, acerca de estar en el cielo por diez mil años, "brillando como el sol". Cuando el himno concluyó, ella cerró los ojos y dijo: "Gracias Jesús", lo que fue seguido por un "amén" obligatorio por parte de un puñado de personas mayores en la multitud. Mientras yo estaba allí, de pie junto a un recorte en cartón de Ronald McDonald, me pregunté por un momento qué va a hacer Dios con personas como June cuando llegue el momento del juicio. A decir verdad, ella no es la única que profesa el nombre de Jesucristo al tomar aire y luego, al dejarlo ir, maldice a su prójimo. ¿Es esa una profesión suficiente de fe como para salvarla? ¿Vale eso más para Dios que la fe de un budista, de un hindú o de un musulmán que la pone en práctica con amabilidad y compasión?

Al igual que mucha gente, yo tiendo a suponer que Dios juzgará a las personas de la misma manera en la que yo las juzgo; así que decidí que Dios probablemente solo le dará a June una buena reprimenda cuando llegue el día del juicio. Me imaginé a Dios avergonzándola frente a todos, poniéndola en su lugar, antes de perdonarla y luego darle la bienvenida al Reino. Imaginé que esto sucedería más o menos igual cada vez que les explicara a los de la derecha religiosa que él no era republicano, a Juan Calvino que él no predeterminó su salvación, y a Andrew Jackson que la noción del Destino Manifiesto había sido un insulto. El día del juicio, me imaginaba, sería el día de la gran vergüenza para todos los que se equivocaron y una gran reivindicación para aquellos de nosotros que habíamos acertado.

Solo después de unos minutos se me ocurrió que esos escenarios no necesariamente podrían funcionar a mi favor.

Esa noche yo estaba en ese McDonald's trabajando como autora independiente en un artículo de carácter positivo para una revista cristiana orientada a personas de la tercera edad. Le tomé una foto a June y también a todos los otros solistas, solo para ser cortés. Por supuesto, no tenía intención de darle a la Dama de los Diez Mandamientos más prensa de la que necesitaba. Pero antes de que yo saliera, June me hizo a un lado y me preguntó en qué estaba trabajando. Le dije que la historia era para una editorial metodista, lo que le disgustó lo suficiente como para abandonar el tema, ya que ella ha creado su propia denominación y no tiene paciencia para las demás, especialmente las liberales. Pero antes de que pudiera irme, me agarró del brazo y señaló a un hombre con bigote sentado cerca del sistema de sonido.

"Deberías tomarle una foto", insistió. "¿No crees que se parece al gran Jeff Davis en persona?".

"Tal vez más tarde", dije, ansiosa por escapar de la mirada penetrante de sus ojos color avellana.

Varios días después caí en la cuenta de que se refería a Jefferson Davis, presidente de la Confederación del Sur.

CAPÍTULO 3

Monkey Town

Hace dos meses, la ciudad era oscura y feliz.
Hoy es una broma universal.

-H. L. MENCKEN, BALTIMORE EVENING SUN, 9 DE JULIO DE 1925

Algunos dicen que fue culpa de Moisés por no pedir más detalles cuando Dios le contó sobre la creación de los cielos y la tierra. Otros dicen que fue culpa de Darwin por escribir *El origen de las especies*. Algunos culpan a los medios, otros culpan al sistema legal, pero la mayoría de la gente en Dayton, Tennessee, ya tiene resuelto el hecho y es culpa de George Rappleyea que nuestra ciudad siempre será conocida como *Monkey Town*.

Todo comenzó en mayo de 1925, cuando Rappleyea corrió a la farmacia de Robinson con un plan para "poner a Dayton en el mapa". Nativo de Nueva York, con un fuerte acento yanqui, gafas con montura de carey y una cabeza llena de ideas modernas, Rappleyea era algo así como un extraterrestre en esta pequeña ciudad conservadora en el oriente de Tennessee, pero a la mayoría de la gente le gustaba. Esa fatídica mañana, logró captar la atención de algunos de los ciudadanos más influyentes, a quienes, en los días de la Prohibición,[1] les gustaba reunirse alrededor de la fuente de soda en la droguería de Robinson para hablar de negocios. "Señor Robinson, usted y John Godfrey siempre están buscando algo que le dé un poco de publicidad a Dayton", dicen que dijo

---

1. Prohibición de la producción, importación, transporte y venta de bebidas alcohólicas en Estados Unidos (1920-1933) (nota del traductor).

Rappleyea y, según los informes, agregó: "Me pregunto si han visto ya el periódico de la mañana".[2] Rappleyea, quien trabajaba en la administración del negocio minero del carbón de la zona, que bregaba por sobrevivir, había descubierto un anuncio publicitario en *Chattanooga Times* de la Unión Estadounidense por las Libertades Civiles. El letrero le ofrecía su apoyo a cualquier docente en Tennessee que estuviera dispuesto a desafiar las nuevas leyes antievolucionistas del estado, las cuales prohibían la enseñanza de la evolución en las escuelas públicas. El debate sobre la evolución y el creacionismo se había tornado el centro de la atención general en los últimos años, y Rappleyea no tardó mucho en convencer a Robinson y al resto de los clientes habituales de la farmacia de que si organizaban un juicio tan controversial en Dayton, los beneficios económicos para la ciudad serían cuantiosos.

El grupo decidió llamar al maestro de la escuela local, John T. Scopes, con la esperanza de que se ofreciera de manera voluntaria como acusado en el caso. Scopes, un hombre tranquilo y sin pretensiones, admitió que pudo haber enseñado la evolución en una clase de biología en la escuela local y, más por razones idealistas que capitalistas, acordó servir como acusado en el juicio. El fiscal local Sue Hicks, un hombre que llevaba el nombre de su difunta madre, acordó coordinar la parte acusatoria con la ayuda de su hermano, Herbert (si esta parte de la historia suena familiar es porque Sue Hicks sirvió de inspiración para *A Boy Named Sue*, de Johnny Cash). Con fiscales y un acusado en el lugar, la pandilla de la Farmacia Robinson ya tenía armado el golpe publicitario que anhelaban.

Afortunadamente para ellos, el juicio atrajo algunos nombres mucho más importantes que el de *A Boy Named Sue*. Clarence Darrow, un famoso abogado especializado en criminalística y agnóstico abierto, ofreció voluntariamente sus servicios para la defensa; y William Jennings Bryan, un político fundamentalista y "Gran Plebeyo", ofreció voluntariamente sus servicios al

---

2. Edward J. Larson, *Summer for the Gods: The Scopes Trial and America's Continuing Debate over Science and Religion* (Cambridge: Harvard University Press, 1997), 88 – 89.

ente acusador. Con estos dos pesos pesados ideológicos en el cuadrilátero, el juicio de Scopes fue anunciado como un enfrentamiento entre la ciencia y la religión: "El juicio del siglo".

Más de doscientos periodistas, desde lugares tan lejanos como Londres, llegaron a Dayton durante ese caluroso verano de 1925. Por primera vez en la historia, una estación de radio transmitió los procedimientos judiciales en vivo. Fotos de monos sonrientes bebiendo refrescos y sosteniendo tarros medicinales adornaban las vallas publicitarias y las vitrinas de las tiendas por toda la ciudad, y la Farmacia Robinson mostró con orgullo un pendón que proclamaba: "Donde todo comenzó". Manifestantes, activistas y predicadores hicieron sus respectivas peregrinaciones a Dayton, por lo que los residentes erigieron una plataforma gigante en el césped del palacio de justicia para darle cabida a cualquier conferencia o debate que pudiera improvisarse (se rumoreó que George Rappleyea realmente organizó una pelea a puñetazos en ese sitio). La gente pagaba para tomarse una foto con un chimpancé vivo y el jefe de la policía de la ciudad incluso puso un letrero en su motocicleta que decía "Policía de Monkeyville". Un periodista del *New York Times* escribió que "cualquiera sea el significado profundo del juicio, si es que tiene alguno, no hay duda de que ha atraído a algunos de los monstruos campeones del mundo".[3]

Sin embargo, tanto Darrow como Bryan creían que el juicio tenía mucho más significado que el de ser tan solo una atracción secundaria más de los furiosos años veinte. Los dos hombres habían invertido sus vidas promocionando ideologías opuestas, y el juicio les presentó una oportunidad para atraer la atención nacional y así servir a sus respectivas causas. Bryan tenía sesenta y cinco años en ese momento y no había ejercido la profesión del derecho en tres décadas, pero eso no le importaba a la gente de Dayton, que lo tenía por gran orador y campeón del fundamentalismo cristiano. Nominado tres veces por el Partido Demócrata para la presidencia, pasó su carrera política luchando en nombre de causas progresistas como los derechos de los trabajadores y el sufragio

---

3. *Ibid.*, 14.

femenino, y en contra del imperialismo, el alcohol y el darwinismo. Conocido como "el Gran Plebeyo", se enorgullecía de representar los intereses de la gente común. Estuvo en el Congreso y fue el Secretario de Estado bajo la administración de Woodrow Wilson, pero renunció al gabinete en protesta por la participación de Estados Unidos en la I Guerra Mundial. Para Bryan, la teoría de la evolución, particularmente el darwinismo social, representaba una devastadora amenaza al fundamento moral y bíblico de la sociedad estadounidense, una amenaza que ponía en peligro todas las cosas a cuya preservación había dedicado su vida.

Darrow, de sesenta y ocho años, no gozaba de la misma popularidad entre los residentes de Dayton. Miembro destacado de la Unión Estadounidense por las Libertades Civiles, Darrow era más conocido por apelar a declaraciones descabelladas de inocencia y a la filosofía existencial con el fin de evitar la pena de muerte para sus clientes, o para "que se salieran con la suya", como a algunos les gustaba decir. Luchó por la libertad individual, la libertad de expresión y el derecho de los educadores a enseñar la teoría de la evolución. Él veía las leyes antievolucionistas de Tennessee como un intento inconstitucional y regresivo por parte de los absolutistas bíblicos que buscaba mantener a raya la modernidad. Las probabilidades estaban en su contra en este caso, considerando la actitud fundamentalista de la población local y del jurado. Durante el juicio, Darrow expresó su consternación ante el cartel gigante que ordenaba "Lea su Biblia", colgado en la puerta del juzgado. Sin embargo, la prensa seguía simpatizando con su causa, lo que le dio un aliado importante.

Cuando finalmente comenzó el juicio, solo había espacio para estar de pie en nuestro famoso palacio de justicia. Aquí hace bastante calor en julio, así que todo el viejo metraje amarillento de la película muestra a los participantes en el juicio de Scopes abanicando sus rostros vigorosamente y limpiando sus cejas con pañuelos. La defensa intentó de inmediato anular la acusación contra Scopes a niveles estatal y federal invocando bases constitucionales, pero el juez negó esa moción. Entonces el juicio, que probablemente terminaría en el enjuiciamiento de Scopes, simplemente se convirtió en una excusa para que Bryan y Darrow se lanzaran ataques el uno al otro cada vez que se presentaba la oportunidad. En sus declaraciones de apertura, los dos impartieron sendas conferencias sobre la naturaleza trascendental del caso y la gran lucha entre la ciencia y la religión. En un momento, surgió un debate sobre si se permitía o no que un biólogo testificara a favor de la defensa, lo que resultó en vítores y abucheos de los observadores. En medio de toda la retórica, algunos estudiantes fueron llamados a testificar sobre la enseñanza de la evolución que daba Scopes en Rhea County High School.

El juicio llegó a su punto culminante cuando, en el séptimo día del litigio, la defensa llamó al estrado al propio William Jennings Bryan en su calidad de experto en la Biblia. En este momento, el juicio se había trasladado al césped del palacio de justicia para acomodar mejor al enjambre de espectadores y a la prensa, por lo que miles vieron a Bryan y Darrow cuando finalmente tuvieron la oportunidad de enfrentarse cara a cara en el juicio del siglo.

Darrow, que a estas alturas se había quitado el saco y la corbata, inmediatamente comenzó a interrogar a Bryan con preguntas diseñadas para socavar una interpretación literal de la Biblia. Cuestionó a su oponente en todo, desde el relato de la creación en Génesis hasta la historia de Jonás y la ballena (que Bryan con razón subrayó que, en realidad, fue la historia de Jonás y el gran pez). Al principio, Bryan parecía confiado, respondiendo tan lenta y metódicamente como la ola de su abanico de hojas de palma. Sin embargo, a medida que el interrogatorio fue avanzando, su falta de preparación se hizo evidente.

"La Biblia dice que Josué ordenó al sol que se detuviera con el propósito de alargar el día, ¿no es así? ¿Y tú lo crees?", presionó Darrow.

"Así es".

"¿Tú crees que en esa época todo el sol le daba la vuelta a la tierra?".

"No, yo creo que la tierra gira alrededor del sol".

"¿Crees que los hombres que lo escribieron pensaron que el día podría alargarse o que el sol pudiera detenerse?".

"No sé lo que ellos pensaban".

"¿No lo sabes?", preguntó Darrow con fingida sorpresa.

"Creo que escribieron el hecho sin expresar sus propios pensamientos", respondió Bryan.

En ese punto, el fiscal general interrumpió el proceso diciéndole al juez que él pensaba que la línea que seguía el interrogatorio era irrelevante para el caso. Sin embargo, el juez Raulston, quien parecía estar disfrutando del momento, dijo que si el Sr. Bryan estaba dispuesto a ser examinado, él no veía ninguna razón por la cual los dos deberían detenerse.

Darrow hizo algunas preguntas más, se paseó de un lado a otro, cruzó el escenario y regresó al tema de Josué y el sol.

"Ahora, Sr. Bryan, ¿alguna vez has reflexionado sobre lo que le hubiera podido pasar a la tierra si se hubiera detenido?

"No".

"¿No lo has pensado?".

"No, señor. El Dios en el que creo podría haberse ocupado de eso, Sr. Darrow".

"Ya veo. ¿Alguna vez has reflexionado sobre lo que naturalmente le sucedería a la tierra si de repente se detuviera?

"No".

"¿No sabes que se hubiera convertido en una masa fundida, derretida, de materia?".

"Tu darás testimonio de eso cuando pases al estrado",

contraatacó Bryan. "Te daré una oportunidad".

"¿No lo crees?", preguntó Darrow.

"Me gustaría escuchar el testimonio de expertos sobre eso".

"¿Nunca has investigado ese tema?".

"No creo que alguna vez me hayan hecho la pregunta".

"¿Alguna vez lo pensaste?".

"He estado demasiado ocupado en cosas que pensé que eran de mayor importancia que eso", dijo Bryan.

Darrow pasó a cuestionar a Bryan sobre la edad de la tierra y el relato bíblico del diluvio mundial.

"¿Cuándo ocurrió el diluvio?", preguntó.

"Yo no intentaría fijar la fecha", dijo Bryan.

"¿Alrededor del 4004 a. de C.?".

"Esa ha sido la estimación de un [erudito bíblico] que es aceptada hoy. No diría que es exacta", respondió Bryan cautelosamente.

"¿Pero qué crees que dice la misma Biblia?", presionó Darrow. "¿Sabes cómo se llegó a esa estimación?".

"Nunca hice un cálculo".

"¿Un cálculo a partir de qué?".

"No podría decirlo".

"¿De las generaciones del hombre?".

"No querría decir eso".

"¿Qué piensas?". Darrow incrementaba su presión.

"No pienso en cosas en las que no pienso", dijo Bryan.

"¿Piensas en cosas en las que piensas?", preguntó Darrow astutamente, provocando risas entre la multitud.

A medida que el interrogatorio se hacía más acalorado, la parte acusatoria intentaba repetidamente sacar a Bryan del estrado, pero él insistía en continuar.

"Estos caballeros no han tenido muchas posibilidades", dijo Bryan. "No vinieron aquí para probar este caso. Vinieron a poner a prueba la fe revelada. Yo estoy aquí para defenderla, y me pueden hacer tantas preguntas como quieran".

La multitud, que según algunos cálculos ascendía a tres mil, rugió, y el juez permitió que Darrow siguiera presionando a Bryan con preguntas sobre el cronograma bíblico.

"Nunca en toda tu vida has intentado encontrar todo lo concerniente a los otros pueblos de la tierra", inquirió Darrow con exasperación fingida, "Cuál es la edad de sus civilizaciones, por cuánto tiempo han existido en la tierra…".

"No, señor", dijo Bryan. "Me he sentido tan satisfecho con la religión cristiana que no he invertido mucho tiempo tratando de encontrar argumentos en su contra".

"¿Tenías miedo de encontrar alguno?", preguntó Darrow.

"Tengo toda la información por la que quiero vivir y morir", dijo Bryan.

A esto, Darrow le dijo: "¡Y eso es todo en lo que estás interesado?".

"En lo tocante a religión, no busco más".

"¿No te importa cuántos años tiene la tierra, cuántos años tiene el hombre ni cuánto tiempo llevan los animales aquí?".

"No estoy tan interesado en eso", dijo Bryan.

"¿Nunca has hecho ninguna investigación para averiguarlo?".

"No, señor, nunca lo he hecho".

Finalmente, Bryan admitió que hay diversas interpretaciones del relato de la creación y que su comprensión era que los días de creación representaron períodos de tiempo en lugar de días literales, lo que condujo a un intercambio acalorado.

"¿Tienes alguna idea de la duración de esos períodos?".

"No, no la tengo".

"¿Crees que el sol se hizo en el cuarto día?".

"Sí".

"¿Y tuvieron la tarde y la mañana sin el sol?".

"Simplemente digo que es un período".

"Tuvieron tarde y mañana durante cuatro períodos sin el sol, ¿es así?".

La respuesta de Bryan fue categórica: "Creo en la creación como allí está dicho, y si no puedo explicarlo, lo aceptaré".

Después de casi una hora de preguntas, el juez finalmente se sintió frustrado con el desarrollo de la sesión y aplazó el juicio. Partidarios tanto de Bryan como de Darrow declararon la victoria, aunque al día siguiente quedó claro que la fiscalía no tenía intención de poner a Bryan en el estrado de los testigos nuevamente. La defensa cerró su caso y sugirió que la corte instruya al jurado a que declarara culpable al acusado. Esta moción privó a Bryan de su oportunidad para interrogar a Darrow y entregar una declaración final, y así el juicio llegó pronto a su cierre. Scopes fue declarado culpable y multado con cien dólares.

Algunos dicen que Bryan ganó el caso, pero que Darrow ganó el argumento.

HÁBITAT

Todos salieron de Dayton tan rápido como llegaron y, unos pocos días después, luego de recorrer la zona pronunciando discursos y sermones contra el secularismo, Bryan murió mientras dormía una siesta, por la tarde. Murió aquí mismo, en *Monkey Town*.

———

A pesar de las ambiciones de la pandilla de la Farmacia Robinson, Dayton se desvaneció en su oscuridad después del juicio, y hoy sigue siendo una pequeña ciudad manufacturera de aproximadamente seis mil habitantes, anidada en las estribaciones de los Montes Apalaches. Las minas de carbón se cerraron hace mucho tiempo y en su lugar llegaron las fábricas, la mayor de las cuales pertenece a la productora de muebles La-Z-Boy Furniture, el mayor empleador de Dayton. La ciudad crece en pequeños arrancones y retrocesos, pero la prohibición de vender alcohol en todo el condado mantiene a raya a una gran cantidad de cadenas de restaurantes, esto es, inversionistas potenciales. Un Super Walmart que fue construido en el extremo sur de la ciudad hace unos años fue recibido como si se tratara de la Segunda Venida. A mi madre le gusta referirse a Dayton como "La Pequeña D", una alusión irónica a Dallas, Texas, que es "La Gran D", donde ella y mi padre vivieron cuando él fue al seminario.

Acunada por el río Tennessee en su frontera oriental, Rhea County está rodeada por tres centrales nucleares, y en un día despejado bien puedes ver dos de ellas desde la cima de la montaña Dayton. Estos hitos imponentes son propiedad de *Tennessee Valley Authority* (TVA), parte del *New Deal* de Roosevelt y una presencia ostensible en la parte oriental del estado, donde la TVA les proporciona energía a 9 millones de residentes. Para controlar las inundaciones, la TVA drena el lago Chickamauga cada invierno, dejando un pantano, una herida desolada en medio de Dayton durante cuatro meses. El lago es tan prístino, profundo y verde durante el resto del año que los jubilados construyen grandes casas a su alrededor y se gastan su dinero en nuestros supermercados y tiendas de aparejos para la pesca.

La gente de por aquí no pierde mucho tiempo debatiendo quién realmente ganó el juicio del siglo. La estatua de bronce de William Jennings Bryan, que monta guardia en el césped del juzgado, habla por sí sola. El periódico local incluye a más de cien iglesias en su directorio, y todos los jueves por la noche McDonald's presenta una sesión de música góspel para personas de la edad dorada. Los carteles que anuncian avivamientos y picnics de las iglesias bordean la carretera sinuosa hasta la montaña Dayton. Los vecinos cuidan el uno del otro, y la gente siempre trae comida cuando alguien muere. Es una comunidad en el mejor sentido de la palabra.

Sin ser afectado del todo por su pasado histórico, Dayton se mueve a un ritmo lento y metódico. La conversación en el salón de belleza cambia con las estaciones. Hablamos de quién será coronada Reina en el Festival Anual de la Fresa este año, de qué tan prometedor es el mariscal de campo del equipo de la escuela secundaria para este año, de por qué la EPA no deja que arreglemos los arroyos que causan inundaciones todas las primaveras, de quién está a cargo de colgar las coronas navideñas en las farolas del centro.

Solo de vez en cuando tenemos lo que me gusta llamar "un momento *Monkey Town*", el más reciente ocurrió cuando la Comisión del Condado de Rhea votó para que la homosexualidad fuera ilegal en Dayton.

En marzo de 2004, ocho de nuestros líderes electos aprobaron una resolución pidiendo que la homosexualidad fuera prohibida y una enmienda a la ley estatal que le permitiría al condado acusar a los *gays* y a las lesbianas de crímenes contra la naturaleza. Cuando la noticia de la decisión llegó a la prensa, fue como si el juicio de Scopes hubiera regresado nuevamente a Dayton.

En veinticuatro horas, miles de llamadas, desde lugares tan apartados como Australia, inundaron las oficinas del condado. El periódico local publicó cuatro páginas de cartas al editor. Un grupo de Bautistas Independientes organizó una marcha a favor de "nuestro piadoso patrimonio estadounidense" por las calles del centro de Dayton y un estudiante de secundaria local coordinó una concentración del orgullo gay. El césped del juzgado se llenó de predicadores callejeros que pedían la deportación de "sodomitas", de adolescentes que ondeaban banderas arcoíris y, por supuesto, reporteros de todo el país que aprovechaban cada oportunidad para recordarle al mundo que este era, de hecho, el mismo *Monkey Town* de 1925.

Un predicador estuvo llevando durante una semana una cruz para arriba y para abajo a lo largo de la autopista 27 a través de Dayton. Otro izó en el platón de su Chevy un letrero enorme que decía "Los sodomitas no producen, ellos reclutan". El propietario de la tienda de música al otro lado de la calle deambulaba emprendedoramente por las aceras con un cartel que simplemente decía: "Cómprate una guitarra". Para cuando los comisionados del condado se reunieron para echar atrás la moción, alegando que no se habían dado cuenta de lo que estaban votando cuando la aprobaron, el daño ya estaba hecho. Dayton volvió a ser el hazmerreír del país, y con razón. En las siguientes elecciones locales, la comunidad expulsó de sus cargos a todos menos uno de los comisionados que participaron en esa votación. El resto ya había renunciado o habían optado por no postularse para la reelección.

Con la excepción de June, la Dama de los Diez Mandamientos, la mayoría de nosotros estábamos supremamente molestos con esa comisión del condado. Varios de los profesores de Bryan College dejaron en claro que no apoyaban la resolución, y los pastores locales se enfrentaron a los predicadores callejeros que venían de fuera de la ciudad y les rogaron que se fueran. Un grupo juvenil de una iglesia repartió agua en el mitin del orgullo gay como para disculparse en nombre de la comunidad. Por supuesto, tales esfuerzos ameritaron toda la atención de la prensa, pero no creo que haya sido por eso que los reporteros salieron por nosotros. Creo que solo estaban fascinados de descubrir en nuestra ciudad un pequeño remanente del tipo de separatismo religioso extremo que se cree extinguido en este país.

Eso es lo divertido de esta pequeña ciudad. Cuando se trata de las diferentes variedades del cristianismo, Dayton es una Isla Galápagos, un destino excelente para cualquiera que desee estudiar la evolución del fundamentalismo en Estados Unidos. Tenemos gente como June, la Dama de los Diez Mandamientos, comprando sus víveres en el mismo pabellón de productos vegetales en el que compran los eruditos bíblicos y los apologetas. En un domingo cualquiera en la mañana, un pastor exhorta a su congregación a amar a sus enemigos; el otro, a considerar el contexto histórico del libro de Romanos; y otro más, a manejar serpientes cascabel vivas como una expresión de fe. Mientras algunos feligreses locales insisten en que los servicios usen exclusivamente las versiones bíblicas más antiguas, algunos, y no son pocos, pueden leer el texto en sus originales en hebreo y griego. Mientras que algunos felicitaron la comisión del condado por su postura contra la homosexualidad, la mayoría los acusó de hacer que Dayton mirara hacia atrás y se mantuviera fuera de contacto con la realidad.

La comunidad evangélica tiene una curiosa reputación de resistir a los movimientos culturales antes de decidir repentinamente que los va a abrazar, y los creyentes en Dayton no son diferentes. Por estos días, la mayoría de los cristianos, incluso conservadores, reconocen que el enfoque persistente de *Monkey Town* en un aislamiento obstinado y en el antintelectualismo es una estrategia anticuada e ineficaz para extender el reino.

Es difícil decir con certeza de qué manera el juicio de Scopes afectó a la comunidad cristiana en Dayton y en todo el mundo, pero yo tengo la sensación de que después del interrogatorio de William Jennings Bryan, muchos evangélicos decidieron que algo tenía que cambiar. Decidieron que lo que sucedió en el estrado de los testigos ese caluroso día de verano nunca debería volver a suceder. Para sobrevivir en un mundo moderno, necesitaban estar más preparados para responder a sus preguntas. Ya no podían simplemente resistirse a la teoría de la evolución, al humanismo secular, a la alta crítica, ni a otros desafíos modernistas. Esos cristianos tuvieron que aprender a involucrar efectivamente lo que en un momento les pareció una amenaza. Así, entonces, después de años de oposición a cualquier concepto de supervivencia del más fuerte, sucedió algo gracioso en la comunidad evangélica en Dayton, y en todo el país: evolucionó.

CAPÍTULO 4

Greg el Apologeta

Mi amigo Greg creció sin rock and roll.

"Las películas y los bailes también estaban fuera de la lista", explicó, "y también la teología".

Criado en una iglesia estricta que solo validaba una versión antiquísima y medieval de la Biblia —como es la *King James*—, y que seguía de cerca las enseñanzas del evangelista Jerry Falwell, Greg describe su experiencia inicial con el cristianismo como "moralista, reaccionaria, antintelectual y ateológica".

"Era como ahogarse en una piscina poco profunda", dice.

Greg, entonces, se rebeló. No con drogas, sexo o alcohol, sino con libros.

Greg fue a una universidad cristiana de artes liberales que, a principios de los noventa, enfatizaba la participación en la cultura antes que resistirse a ella. Intenso y supremamente inteligente, Greg captó la onda. Varios profesores se fijaron en él y vieron un apologeta persuasivo y carismático en ciernes. Greg devoró una montaña de libros de teología, planteó preguntas audaces, escribió algunos documentos impresionantes y dijo que había llegado a la conclusión de que "pensar es la ocupación propia de ser cristiano". Un par de grados académicos más tarde, estaba viajando por todo el país y el mundo, disertando sobre todo: desde bioética hasta posmodernismo y pluralismo.

Basta con que lo escuches hablar la primera vez para que nunca olvides a Greg. La gente lo describe como tratar de beber de un hidrante. Tiene su estilo para desafiar a sus oyentes a que conciban pensamientos más desafiantes acerca de Dios y del mundo, mucho más de lo que nunca imaginaron que fuera posible. Él pasa de una idea a otra sin problemas; siempre introduce un nuevo concepto tan solo unos segundos antes de que creas que le has encontrado algún sentido al último. Sabe dirigirse a adolescentes sin ser condescendiente, y a personas mayores sin sonar altivo ni prepotente.

La primera vez que lo vi, yo estaba en la secundaria. Él vino al grupo juvenil de mi iglesia y nos habló sobre la naturaleza global de la verdad de Dios, de que hay una forma bíblica de pensar acerca de todo: de la ciencia, la filosofía, la cultura *pop* y la tecnología. "Si nos preparamos para presentar una defensa del evangelio", nos dijo, "no habrá asunto ni disciplina que esté más allá del alcance de la Luz, no habrá ninguna idea ni descubrimiento nuevos que debamos temer. Con la ventaja que tenemos de contar con el acceso a la verdad absoluta, disponemos de todo lo que necesitamos para ir y cambiar el mundo".

Recuerdo que cuando llegué a la casa después de haberlo escuchado esa noche, mi madre me preguntó de qué había hablado Greg. "No recuerdo exactamente", le respondí, aún luchando por absorber todo lo que había recibido. "Pero creo que tiene razón".

Sin olvidar del todo esa primera impresión, decidí pasar el verano, después de mi tercer año de universidad, trabajando con Greg en un curso intensivo de apologética de dos semanas diseñado con el fin de que los estudiantes de secundaria pudieran sumergirse en el concepto de una cosmovisión bíblica. A esas alturas, yo ya me había vuelto bastante hábil en la presentación de una defensa del evangelio, así que serví como consejera encargada de guiar a un pequeño grupo de chicas de diecisiete años a través de un material tan denso que hasta producía mareos.

Estaba ansiosa por impresionar a Greg y a los otros líderes de la conferencia, así como a las ocho chicas bajo mi tutela. Me sentí agobiada, ante todo, porque algunas de mis chicas habían planeado ir a universidades estatales, donde, según me dijeron, tenían un 70% de posibilidades de perder tanto sus creencias en la verdad absoluta como sus virginidades. Mi trabajo consistía en ayudarlas a que se prepararan para entrar en el mundo de una sociedad secular relativista sabiendo lo que creían y por qué lo creían.

Durante los primeros días del seminario intensivo, una variedad de oradores impartió conferencias sobre darwinismo, naturalismo, trascendentalismo, secularismo, pluralismo y muchos otros *ismos* con los que me sentí lo suficientemente cómoda como para discutirlos con mi grupo. Pero, al final de la primera semana, un orador condenó la educación pública tildándola de ser una causa perdida, otro denunció el calentamiento global como una conspiración de la izquierda radical, otro denigró el arte moderno calificándolo de nada más que garabatos de un niño de cinco años y otro atacó al feminismo como una amenaza para el papel bíblico de la mujer en la sociedad. Después de esos episodios, empecé a preocuparme que, como graduada de una escuela pública de secundaria con una afinidad por las focas bebés, Jackson Pollock y pantalones de vestir, yo no tenía una cosmovisión lo suficientemente cristiana. Mi incomodad fue creciendo al ver cómo se extraían versículos de la Biblia para apoyar posiciones políticas como el derecho a portar armas, una fuerte inversión pública en defensa, la justificación de la pena de muerte y la intervención limitada del Estado en el libre mercado. Estos me parecían ser valores del partido republicano antes que valores bíblicos. Yo esperaba que Greg presentara sus objeciones, pero nunca lo hizo.

Esa fue la primera vez que me pregunté si tal vez no hay tal cosa como una sola cosmovisión bíblica, si tal vez hay tantas cosmovisiones bíblicas como personas.

Al concluir el seminario, Greg lanzó un llamado conmovedor a la acción, un desafío a que los estudiantes continuaran estudiando y aprendiendo, a que salieran sin miedo a cambiar el mundo, y a que estuvieran siempre listos con una respuesta en defensa de su fe. Era apasionado, tenía ideas claras, era alguien que había estudiado mucho y estaba bien preparado, la encarnación misma de cómo el fundamentalismo estadounidense se había adaptado al modernismo para convertirse en una contracultura agresivamente intelectual, impulsada por la apologética. Él era todo lo que William Jennings Bryan no pudo ser en el estrado como testigo en 1925.

La última vez que interactué con Greg fue cuando nos involucramos en un breve debate por correo electrónico sobre la mejor manera de atender a los pobres de Estados Unidos. Por estos días parece que no estamos de acuerdo en muchas cosas: política, teología, roles de género, la cuestión del medio ambiente, economía, etcétera. A veces temo haberlo decepcionado. A veces temo estar equivocada. Pero espero que Greg entienda que de la misma manera que él tuvo que cambiar para darle sentido a su fe, yo tuve que cambiar para encontrarle sentido a la mía.

CAPÍTULO 5

Cuando los escépticos preguntan

Para cuando me gradué en 2003 de la universidad cuyo nombre le rendía homenaje, ya había decidido que lo que William Jennings Bryan debió haber dicho en el estrado de los testigos era esto: "Puesto que la Biblia es la Palabra de Dios y es veraz en todo lo que afirma, el libro de Génesis registra con precisión cómo Dios creó el universo y la vida en la tierra. Basado en la precisión científica de la Biblia, uno debe concluir que la semana de la creación consistió en siete días de veinticuatro horas y que transcurrieron 1656 años entre la creación y el diluvio, 342 años entre el diluvio y el nacimiento de Abraham, dos mil años entre el nacimiento de Abraham y el nacimiento de Cristo. Ni la evidencia geológica y ni los fósiles prueban de manera concluyente una edad terrestre de millones de años, pero la edad puede explicarse echando mano del argumento de que Dios decidió crear las cosas en plena madurez con la apariencia de que ya se habían desarrollado o valiéndose del argumento de que factores como, por ejemplo, el campo magnético de la tierra, pudieron haber cambiado a través de los años y haber afectado la precisión de la estimación de fechas por medio del carbono. En oposición a la teoría de la evolución, la Biblia enseña que Dios creó por separado distintos tipos de organismos y que las similitudes entre ellos apuntan a un creador común antes que a un origen común. La teoría de la evolución no tiene en cuenta el grado de complejidad inherente a los organismos biológicos como para producir un registro suficiente de fósiles para las especies en transición, para explicar las muchas ambigüedades de la clasificación biológica. Por lo tanto, no debería enseñarse en las escuelas públicas como si fueran hechos, datos duros comprobables. Lo más importante, la teoría de la evolución es peligrosa porque socava la autoridad de la Biblia y amenaza el fundamento del cristianismo".[1]

Buena parte de toda esa argumentación la aprendí del doctor Kurt Wise, uno de los principales teóricos creacionistas en el país que defienden la convicción de que la tierra es joven y uno de los profesores más populares entre los estudiantes de Bryan College cuando estudié allí. Apalancado en su título como paleontólogo de la Universidad de Harvard, el Dr. Wise había estudiado con Stephen J. Gould, un famoso evolucionista y autor de libros sobre ciencia. Decía que su meta era postular un modelo de historia de la tierra consistente con las Escrituras y los datos científicos. Una persona de forma francamente angular, con piernas largas que le permitían caminar a zancadas, el profesor Wise se desplazaba por el campus a un ritmo deliberado y acelerado, como si siempre estuviera en camino a hacer algo importante. Le gustaba pasar el tiempo con los estudiantes en largas conversaciones después de clase y en excursiones de senderismo y espeleología en las montañas.

El profesor Wise nos contó la historia de cómo, siendo estudiante de segundo año en la secundaria, soñaba con ser científico, pero no podía conciliar la teoría de la evolución con el relato de la creación que se encuentra en la Biblia. Una noche, después de que todos en su casa durmieran, tomó un par de tijeras y comenzó a cortar, de una Biblia recién comprada, todos los versículos que pensaba que tendrían que ser eliminados para que pudiera creer en la evolución. Pasó semanas y semanas en ese proyecto, hasta que recorrió todo el libro, desde Génesis hasta Apocalipsis. Cuando terminó, dijo que ni siquiera podía levantar la Biblia sin que se descuadernara completamente. Fue ahí cuando decidió: "O bien las Escrituras están en lo cierto y la evolución se equivoca, o la evolución está en lo cierto y debo deshacerme de la Biblia".[2]

---

1. Kurt P. Wise, *Faith, Form, and Time: What the Bible Teaches and Science Confirms about Creation and the Age of the Universe* (Nashville: Broadman and Holman, 2002).
2. Kurt P. Wise, "Geology", *In Six Days: Why Fifty Scientists Choose to Believe in Creation* (Green Forest, Ariz.: John F. Ashton, 2000), 353.

En muchos sentidos, el Dr. Wise encarna el espíritu de Bryan College. Si bien no todos en el campus apoyaban el creacionismo de tierra joven, el principio fundamental del enfoque pedagógico de la institución era que la Biblia nos sirve como nuestro más confiable libro de texto, que proporciona una base infalible sobre la que podemos construir las disciplinas académicas. Aprendimos que todo —ciencia, historia, economía, arte, psicología, política y literatura— puede estudiarse desde una "cosmovisión bíblica". El objetivo de la educación en Bryan College era desarrollar un enfoque completo de la vida desde el que contemplar al mundo con lentes cristianos.

Nunca en mi vida he encontrado una organización tan consistente con su mensaje. Puedo apostar a que si me apareciera hoy por el campus y le preguntara a cualquier estudiante al azar sobre el propósito de estudiar allí, la respuesta sería: "Desarrollar una cosmovisión bíblica". Nosotros solíamos decirles a los estudiantes de primer año que si un profesor les hacía alguna pregunta en clase y los sorprendía sin que estuvieran preparados, la mejor estrategia era simplemente decir "¿Cosmovisión?" y hacer fuerza para que ocurriera lo mejor.

Llegué a Bryan College en 1999, ansiosa por encontrar respuestas sobre el cristianismo, y anhelante por demostrar mi dominio del tema. Tras haber vivido en Dayton por cinco años, ya conocía a la mayoría de mis profesores y estaba familiarizada con el campus de Bryan y sus tradiciones. Sabía, por ejemplo, que en lugar de hacerles bromas a los estudiantes de primer año, los ya veteranos los recibían lavándoles los pies. Sabía que después de la primera nevada, todos jugaban con las bandejas de la cafetería usándolas como trineos. Yo ya sabía que las tres cosmovisiones principales son el naturalismo, el trascendentalismo, y el teísmo, y que el cristianismo bíblico se ubica en la categoría del teísmo. Sabía que los perales de la variedad Bradford diseminados por todo el campus bucólico, casi que pastoril, se teñían de rojo rubí en el otoño, pero que exhalan un olor curioso cuando florecen en la primavera. Sabía qué dormitorios ofrecían una vista espectacular de las montañas, cuáles eran los profesores que más inspiraban a los estudiantes, y cuáles eran los estudiantes de los cursos superiores que se consideraban los más geniales.

Con Sarah, mi mejor amiga, habíamos decidido de antemano vivir en la misma residencia estudiantil, pero compartir el dormitorio con chicas que no conocíamos, para no conformar un club cerrado. Tuvimos suerte con las compañeras de cuarto y muy pronto entablamos nuevas amistades duraderas. Inmediatamente me postulé para el consejo estudiantil y fui elegida como la representante de los estudiantes de primer año en el consejo (que nosotros llamamos senado), gracias, principalmente, a mi controversial lema de campaña: "¿Quieres que se escuche tu voz? Ve a Held". Mi área mayor fue Inglés, pero atiborré mi horario con clases en Teología y Biblia. Me costó un poco ocultar mi decepción cuando un montón de manos se levantaron dando a conocer que yo no era la única en la primera sesión de mi clase de Biblia que ya estaba familiarizada con el dispensacionalismo.

A tono con la visión de la universidad, fue de manera inmediata que tomé un curso introductorio que llevaba por título Cosmovisión Bíblica y era prerrequisito a otras materias. En este curso aprendí no solo cómo definir y defender una cosmovisión bíblica, sino también cómo desmantelar las cosmovisiones opuestas. Mi profesor, un teólogo cálido y afable con una inclinación por los chalecos tipo suéter, me enseñó que al defender mi fe contra ateos y agnósticos, la mejor estrategia era hacer preguntas, preguntas cuyas respuestas ya sabía, por supuesto.

Por ejemplo, si alguien me decía: "Deberías ser tolerante frente a otras religiones y otros sistemas de creencias", yo debería responder preguntando: "¿Qué pasa con sistemas de creencias como los de Adolfo Hitler y José Stalin? ¿Debería ser tolerante también con ellos?". O si alguien decía: "No puedo creer en Dios por toda la injusticia presente en el mundo", yo debía decir "¿Estás diciendo, entonces, que hay un estándar absoluto de lo que es correcto y lo que es incorrecto? ¿De dónde sacas ese estándar? ¿En qué se basa?". Si alguien anunciara que el universo comenzó con el *Big Bang*, yo debía preguntarle: "¿Tienes alguna prueba de eso? Si el mundo surgió por casualidad, ¿cómo explicas su diseño intrincado?". Si alguien anunciara: "No hay absolutos", yo debía preguntarle: "¿Estás absolutamente seguro?".

En la cosmovisión bíblica analizábamos en detalle docenas de sistemas de creencias, desde el humanismo secular hasta el budismo. Examinábamos su fortalezas y debilidades y ocasionalmente nos reíamos de sus absurdos. A veces, para proyectos de clase o programas para nuestra hora devocional en la capilla, hacíamos nuestras parodias. Aprendimos a adoptar el tono agudo y la expresión aturdida del estereotipo que se ha manufacturado de los de la Nueva Era, a quienes se les ridiculiza como simples abrazadores de árboles, para explicar que los trascendentalistas creían que "tooooodoooos somos dios... toooodoooos somos uno... toooodoooo está bien", a menudo concluyendo con una pose de yoga simulada y un "ohm" exagerado (para ser justos, también nos burlábamos de nosotros mismos en nuestras pantomimas disfrazándonos con camisetas cristianas cursis y hablando de cómo habíamos quemado todos nuestros CDs y le habíamos dicho adiós al noviazgo y al cortejo).

El único sistema de cosmovisión que proporciona respuestas adecuadas a las preguntas últimas de la vida, decía mi profesor, es el cristianismo bíblico. Mirar a través de los lentes de una cosmovisión bíblica conllevaba a que toda la realidad mantuviera su enfoque, a que todo tuviera sentido. "Toda la verdad es la verdad de Dios", nos decía. "Así que, como cristianos, podemos contar con que la realidad respalde en todo momento nuestra premisa".

Con esta garantía, estudiábamos los desafíos comunes a la fe cristiana, tales como el problema del mal y el destino de los que no han sido no evangelizados. Estos problemas eran tratados como asuntos que los ateos y los agnósticos podrían plantear para tratar de socavar el cristianismo, no como problemas con los que los creyentes generalmente luchan, y yo tenía que tener cuidado de cómo formulaba mis preguntas en clase.

Un día pregunté: "Entonces, Dr. Jordan, ¿qué pasa si... qué

pasa si mi oponente me reta diciendo que si el cristianismo es el único camino para la salvación, eso significa que la mayoría de la población humana será condenada al infierno?".

El doctor Jordan dijo algo acerca de cómo todos merecemos el infierno de todos modos, algo acerca de estar destituidos de la gloria de Dios.

"Sí, ¿pero no significa eso que... no habría mi oponente de replicar diciendo que la mayoría de las personas nacieron en el lugar equivocado y en el momento equivocado, que nunca tuvieron la oportunidad de ser salvos?".

El Dr. Jordan dijo algo sobre la importancia de ir por todo el mundo para predicar el evangelio.

"Sí, pero... pero ¿qué debo decirle a mi oponente si todavía sigue pensando que eso no es justo?".

El Dr. Jordan habló por un tiempo sobre las formas superiores de Dios y luego me sugirió que me valiera de esa oportunidad para desafiar a mi oponente a que precisara de dónde obtiene su estándar de lo correcto y lo incorrecto, para luego señalarle que, después de todo, con esa conciencia acicateada, ella debía creer en un estándar universal de justicia.

Antes de que tuviera tiempo de decir: "Sí, ¿pero no será que tan solo estoy cambiando el tema?", el chico sentado justo detrás de mí susurró: "Rachel, ya, déjalo. Tu oponente está a punto de seguir discutiendo hasta la próxima clase".

Lo que estaba sucediendo en Bryan College, pasaba en las escuelas e iglesias evangélicas en todo el país durante el movimiento apologético de los años setenta, ochenta y noventa. Nacido de la necesidad de enfrentar más eficazmente el modernismo y evitar vergüenzas como el juicio de Scopes, el movimiento apologético en Estados Unidos representó una evolución significativa dentro de la subcultura evangélica, una evolución alejada de la fe ciega, distante del antintelectualismo, y un rechazo a la retirada cultural. Más bien, era una reorientación hacia el racionalismo duro, la teología sistemática y la acción política. Se podría decir que fue la culminación de los valores modernos de la Ilustración, esta vez aplicados específicamente al diálogo religioso.

Teólogos como Francis Schaeffer, Norm Geisler y Lee Strobel entraron en escena con términos como presuposición y cosmovisión, conceptos que introdujeron al léxico de cristianos comunes y corrientes. Estos estudiosos afirmaron que si los cristianos simplemente se prepararan para razonar con los escépticos, y lo hicieran armados con los datos científicos, históricos, y filosóficos apropiados, podrían convencer de la verdad inherente a la cosmovisión bíblica incluso a los ateos más endurecidos. La evidencia contundente, insistían, apoyaba al cristianismo. Tal como Josh McDowell lo anunciaba en su obra cumbre, *Evidencia que exige un veredicto*, "Tomé la evidencia que pude reunir y la puse en la balanza, que se inclinó a favor de Cristo como el Hijo de Dios resucitado de entre los muertos". La validez de la fe cristiana, asegura McDowell, fue "confirmada por la investigación".[3]

Con eso en mente, el mandato del apóstol Pedro de "estad siempre preparados para dar una respuesta a todos los que les pregunten" se convirtió en un grito de guerra para los verdaderos creyentes durante el movimiento apologético. Ser atrapado sin haber estado preparado, como William Jennings Bryan en el estrado de testigo en un juicio, llegó a ser sinónimo de caer en la desobediencia absoluta a Dios y caracterizó lo que Francis Shaeffer llamó "el gran desastre evangélico" de la fe irreflexiva. Para pelear la buena pelea, el arma más importante era la espada de la verdad absoluta, y el objetivo de la vida del cristiano era aprender a usarla. Tal como lo escribió el Dr. David Noebel en su gigantesco volumen *Understanding the Times*: "Las líneas de batalla han sido establecidas.

---

3. Josh McDowell, *Evidence That Demands a Verdict* (San Bernardino, Calif.: Here's Life, 2004), 10 (*Evidencia que exige un veredicto: Evidencias históricas de la fe cristiana*, trad. Por René Arancibia Muñoz, Editorial Vida, 1993, reimpresión. La cita es tomada del original, nota del traductor).

Como cristianos armados con la verdad —de hecho, armados con la revelación de la Verdad Misma— [...] estamos más que equipados para destruir los mitos de todas las cosmovisiones opuestas [...]. La verdad es nuestra mayor arma".[4]

El imaginario de la guerra impregnó el movimiento apologético, que fue agresivamente intelectual. El Dr. Noebel es autor de títulos que van desde *Homosexual Revolution* hasta *Mental Siege* pasando por *The Battle for Truth*. Geisler, quien se ganó el apodo de "'Stormin' Norman", comenzó con bastante calma con *Christian Apologetics* (1976) pero acentuó cada vez más su tono militarista con títulos como *Christianity Under Attack* (1985), *The Battle for the Resurrection* (1989) y *Battle for God* (2001).[5] Trazar líneas de batalla funcionó porque, a medida que se acercaba el nuevo milenio, los evangélicos en Estados Unidos se sentían, de hecho, amenazados. En los años siguientes al juicio *Scopes Monkey*, la Corte Suprema prohibió la instrucción religiosa en las escuelas y los colegios públicos y prohibió la oración patrocinada por el Estado. Durante la Guerra Fría, los temores de que Estados Unidos se estuviera quedando a la zaga de la Unión Soviética en ciencia y tecnología, llevó al Congreso a apoyar la actualización de los textos de enseñanza de las ciencias para incluir la teoría de la evolución. El feminismo amenazó el sistema de liderazgo patriarcal de la iglesia. La alta crítica desafió la inerrancia de la Biblia. El veredicto del caso *Roe vs. Wade*, en 1973, dejó a muchos cristianos con la sensación de que su gobierno los había abandonado. De la defensa de pesebres y adornos navideños en edificios públicos a la conservación de "una nación bajo Dios" en el juramento de lealtad a la bandera, la defensa de Estados Unidos de lo que se percibía como una toma del control por parte del humanismo secular se convirtió en el propósito de la iglesia moderna.

Nunca antes se habían sido utilizado los términos *cristiano* y

---

4. David Noebel, *Understanding the Times* (Manitou Springs, Colo.: Summit, 1991), 841.

5. El nombre de Norman Geisler es conocido en el mundo de habla hispana. Una síntesis de su legado, escrito conjuntamente con Ron Brooks es *Apologética: Herramientas valiosas para la defensa de la fe*, trad. por Nellyda Pavlovsky, LOGOI/FLET, 2ª edición, 1997, que es la versión en español de *When Skeptics Ask*, 1990, nota del traductor).

bíblico tan frecuentemente como adjetivos. Los evangélicos leían libros cristianos y escuchaban música cristiana. Enviaban a sus hijos a universidades cristianas donde recibían una educación cristiana. Los apologetas y los teólogos hablaban sobre el enfoque bíblico de la homosexualidad, la respuesta bíblica al calentamiento global, y la respuesta bíblica a la tarea de ser padres. Los movimientos *Moral Majority*, y más tarde *Christian Coalition* movilizaron a millones a la acción política, mientras que James Dobson, fundador de *Enfoque a la Familia*, le instruyó a su audiencia radial a votar en función de sus valores cristianos. La elección de George W. Bush en el 2000 y su reelección en 2004, fueron ampliamente atribuidas a la acción de los conservadores evangélicos en todo el país que habían estado convencidos de que, como un hombre declarado provida que daba testimonio de "haber nacido de nuevo", Bush se pondría de su lado en los asuntos morales importantes. Era como si la comunidad cristiana estuviera perpetuamente en el estrado, siempre lista a pelear, siempre lista a defenderse contra el mundo, siempre dispuesta a dar una respuesta.

En ese contexto social, toda una generación de jóvenes evangélicos construimos nuestras cosmovisiones cristianas. Se podría decir que nacimos listos con respuestas. Nosotros crecimos con una ferviente devoción a la inerrancia de la Biblia y aprendimos que cualquiera que fuera la pregunta, en sus páginas se podría encontrar una respuesta. Sabíamos lo que los ateos y los humanistas y los budistas creían antes de que pudiéramos conocer a algún ateo, humanista o budista, y supimos cómo desacreditar efectivamente sus cosmovisiones antes de encontrarlas por nuestra cuenta. Para experimentar el conocimiento de Jesucristo no necesitábamos nacer de nuevo; simplemente necesitábamos nacer. Nuestros padres, nuestros maestros y nuestros teólogos favoritos se encargaban de proporcionarnos, de ahí en adelante, todas las respuestas antes de que tuviéramos tiempo de realmente luchar con las preguntas.

▼

Mi experiencia en Bryan fue todo lo que una experiencia universitaria debiera ser. Hice amigos para toda la vida, aprendí a pensar críticamente y me hice muy versada en la apologética cristiana. Mantuve un promedio de calificaciones lo suficientemente sólido como para participar en una serie de actividades extracurriculares que me enseñaron mucho sobre mí misma y cómo trabajar con otras personas. Mi amor por la literatura creció de manera aún más pronunciada con cada una de las líneas aliteradas de Tennyson y cada personaje terriblemente preciso de Flannery O'Connor. Algunos de mis profesores de inglés pensaban que mi escritura mostraba potencial. Lo mejor de todo fue que conocí y me enamoré de un muchacho alto y guapo de Nueva Jersey, con quien me casé seis meses después de obtener mi título, cumpliendo así el encargo de mi madre de ir a una universidad cristiana y casarme con un chico cristiano. Mis compañeros me eligieron como la vocera de la promoción de ese año y la que habría de dar el discurso durante la ceremonia de graduación.

Vista desde afuera, yo encarnaba todas las expectativas que tenía de mí misma al ir a la universidad. Me sentía segura, articulada, lista para cambiar el mundo. Pero, por dentro, algo diferente estaba sucediendo. Empecé a tener dudas.

Se podría decir que el movimiento apologético había creado un monstruo. Me había vuelto tan buena criticando todas las falacias de las cosmovisiones rivales, tan diestra en la búsqueda de la verdad a través del análisis objetivo, que era solo cuestión de tiempo antes de que dirigiera mi ojo escéptico hacia mi propia fe. Me di cuenta de que en clase de Cosmovisión nos reíamos de cómo los trascendentalistas abrazaban serenamente la paradoja y la contradicción, pero luego íbamos a la clase de Teología y aceptábamos sin lugar a la duda que Jesús existió como totalmente Dios y totalmente hombre. Criticábamos el islam radical como resultado natural del tono violento del Corán sin reconocer el hecho de que el Dios de Israel ordenó a su gente a matar a todos los seres vivos en Canaán, desde los ancianos hasta los recién nacidos. Nos burlábamos de la noción del cambio climático, pero creíamos que Dios una vez había hecho que la tierra se detuviera. Acusábamos a los científicos de tener una agenda, de ignorar la ciencia que contradice el paradigma de la evolución, pero estábamos comprometidos con una especie de gimnasia mental propia, tratando de explicar cómo es posible ver la luz de las estrellas lejanas. Nos burlábamos de la ambigüedad de la Nueva Era, pero no podíamos explicar la naturaleza de la Trinidad. Alegábamos que la nuestra era una fe racional y lógica, pero una centrada en el Dios del universo que se vuelve carne para nacer en un pesebre en Belén.

Sin embargo, lo más preocupante fue cómo criticábamos a los relativistas por escoger y elegir la verdad a su gusto, mientras que nuestro propio enfoque bíblico requería cierta selectividad propia. Por ejemplo, me enseñaron que la Biblia servía como guía para el noviazgo y el matrimonio cristianos, pero nadie me dijo que mi padre tenía el derecho de venderme al mejor postor o de tomar varias esposas para sí, tal como lo había hecho Abraham. Se predicaba incesantemente contra la homosexualidad, pero poco se decía de la gula o la codicia. Denunciábamos la muerte de cada bebé abortado como una violación de la santidad de la vida humana, pero hacíamos caso omiso de la muerte de los niños iraquíes que no eran otra cosa que los daños colaterales que se esperan en una guerra contra el mal. Celebrábamos cada hallazgo arqueológico que apoyaba las afirmaciones históricas de la Biblia, pero desvirtuábamos la gran cantidad de evidencia científica que respalda una tierra antigua.

A pesar de mis dudas emergentes, seguí buscando la forma de pegar de nuevo las piezas de mi fe, tratando de convencerme a mí misma y a mis amigos de que todo estaba bien. En mi discurso en la ceremonia de graduación, les aseguré a mis compañeros graduandos que estábamos excepcionalmente preparados para responder las preguntas de la vida, que los lentes de nuestra cosmovisión bíblica pondrían todo lo existente en un enfoque acertado haciendo más preciso el contraste entre blanco y negro, entre lo correcto y lo incorrecto, entre el mal y el bien. Lo dije queriendo desesperadamente creer que todo eso era cierto. Lo dije sabiendo perfectamente que no iba a ser así de simple. Lo dije sabiendo que el mundo simplemente ya no tiene más ese tipo de sentido.

PARTE 2

DESAFÍO

CAPÍTULO 6

Nathan el Soldado

"Gracias por el café".

Nathan revolvió distraídamente su *macchiato* mientras recorría con la mirada la cafetería casi vacía donde nos habíamos encontrado en el centro. Sus ojos parecían cansados.

"Oh, es lo menos que puedo hacer", le dije. "Gracias por tu servicio al país".

Me sonrió y recordé que su sonrisa siempre llevaba un toque de ironía, como si estuviera jugando con algún mohín de cordialidad. "De nada", dijo, con un dejo divertido en su voz. "Siempre a tu servicio".

Aunque Nathan y yo asistimos a la misma iglesia durante seis años, nunca tuvimos mucho en común hasta hace poco. Un músico de ojos negros, fumador, con un coeficiente intelectual ridículamente alto, Nathan siempre había sido un poco escéptico. Sus preguntas en el grupo juvenil solían incomodarme. Ahora, casi una década después de que nos habíamos graduado de la secundaria, tenían mucho sentido.

Esa tarde, en la cafetería, Nathan me habló de Fort Hood e Irak, de la cultura del Medio Oriente y su aprendizaje del árabe, de la bomba en la carretera que alcanzó a su vehículo, de cómo no había podido relajarse ni bajar la guardia ni dormir pacíficamente desde entonces, de sus frustraciones con la religión organizada, de cómo todavía quería ayudar a las personas habitantes de la calle y a los hambrientos, de cómo extrañaba desesperadamente su piano.

"Supongo que después de pasar tanto tiempo en otro país", dijo, "comienzas a darte cuenta de lo similar que somos todos realmente, de que no hay mucha diferencia entre nosotros. Esa gente me rompe el corazón, Rachel; incluso los que se supone que debo considerar mis enemigos, incluso el tipo que presionó un botón en algún lugar y voló mi vehículo, incluso el tipo que pone bombas debajo de puentes o se hace explotar en los retenes de control. No digo que tengan razón o que no son responsables por sus actos, sino que la mayoría de ellos simplemente hacen lo que sinceramente creen que es la voluntad de Dios. La mayoría están tan perdidos y jodidos como el resto de nosotros".

Un pequeño grupo de estudiantes de Bryan estaba inmerso en un estudio bíblico en una mesa en la esquina.

Nathan se inclinó y bajó la voz. "No estoy tratando de ofenderte ni a ti ni a nadie, pero es que esta creencia de que somos estadounidenses, tenemos la razón, y Dios está de nuestro lado; y ellos son musulmanes, y están equivocados y Dios quiere que los derrotemos... La gente cree que estamos allí luchando contra un enemigo unidimensional. Piensan que estamos allá luchando contra el mal".

Me miró como si esperara una objeción.

"Eso es lo que nos dicen en las ruedas de prensa", le dije.

Su sonrisa sucumbió al gesto burlón, y los dos nos reímos un poco.

"Mira, por ejemplo, uno de mis viejos capellanes", dijo Nathan, "insistía en estar en cada sesión informativa de misión justo antes de que cargáramos los vehículos y abriéramos las puertas, y siempre estaba ahí elevando una oración rimbombante al Dios que nos protegía y nos daba la victoria sobre nuestros enemigos y todo eso. Ahora, no estoy diciendo si es que hay o no alguna intervención divina cuando se trata de nuestra seguridad o de nuestra salud o lo que sea, pero yo no dejaba de pensar en todas esas madres iraquíes que en ese mismo momento estaban orando para que Dios protegiera a sus hijos que estaban en conflicto directo con nosotros. Así que mi capellán estaba absolutamente convencido de que Dios estaba de nuestro lado, mientras que ellos estaban absolutamente convencidos de que Dios estaba de su lado. Empecé a preguntarme, realmente, ¿cuál es la diferencia entre nosotros?".

"Sé lo que quieres decir", le dije. "Está bien. Supongo que no sé exactamente lo que quieres decir, no he estado en Irak ni nada de eso, pero entiendo lo que dices. Es como si, tan pronto como puedes estar en los zapatos de otra persona, o mirar el mundo desde otra perspectiva, todo lo que crees se vuelve menos seguro, o al menos no tan blanco y negro".

"He llegado a conocer algunos musulmanes bastante bien", dijo Nathan, "y eso realmente cambió mi perspectiva. No todos son fundamentalistas violentos. No todos odian a Estados Unidos. De hecho, el musulmán que me enseñó árabe es muchísimo más dedicado a su fe que la mayoría de los cristianos que yo conozco. Él observa el ayuno durante todo el Ramadán, ama a su familia, es un tipo honesto y honrado. Aprendí mucho de él. Es difícil para mí juzgarlo, ¿sabes? Es difícil para mí decir: 'Oye, tú te vas al infierno porque no creciste en un hogar cristiano como yo'".

"Eso es algo con lo que yo misma he estado luchando", le dije. "Si los cristianos evangélicos somos los únicos que vamos al cielo, entonces mucha gente se va a quedar en el infierno. La mayoría de la gente, en realidad. No estoy segura de poder creer que eso sea cierto".

Nathan se quedó por un momento mirando su café y un silencio pesado cayó entre nosotros. Pensé lo mucho que este silencio me hubiera asustado hace unos años, cuando creía que siempre tenía que estar lista con una respuesta.

"A veces es difícil porque la mayoría de la gente simplemente se asusta cada vez que hablo de estas cosas", dijo Nathan. "A veces pienso que tienen miedo de que yo me haya vuelto atrás, de que voy a morir en Irak y que me voy ir al infierno o algo así".

Se movió incómodo en su silla antes de continuar. "No es que no haya lidiado con mi propia mortalidad. Soy realista. Es solo que la gente sigue diciendo cosas como 'este no es tu hogar' y 'fuimos hechos para el cielo'. Sé que solo están tratando de hacerme sentir mejor debido a lo mal que están las cosas, pero me dan ganas de decirles: 'Bueno, entonces, ¿por qué no voy de una vez y me vuelo la tapa de los sesos y termino con esto de cuajo?'. Realmente no lo digo en serio, por supuesto. Es solo que la gente habla como si nada de lo que hagamos en este lado de la eternidad fuera importante. Todo es inútil. Solo estamos esperando morir. Y me pregunto, entonces, ¿por qué no terminamos de una vez?".

"Tal vez la salvación no se trata solo de la eternidad", dije. "Tal vez Dios quiere salvarnos de algo en el presente, algo en el aquí y ahora".

"¿Como qué?".

"De —qué sé yo—, quizás de nuestros pecados, quizás de nuestras circunstancias, tal vez incluso de nuestra religión".

"Esa es una forma interesante de verlo", dijo Nathan.

"Sí, todavía estoy tratando de resolverlo".

"¿Sabes lo que más me gusta de Jesús?", preguntó Nathan. "Me gusta cómo él realmente cuidaba a la gente pobre. Esa es una de las pocas cosas sobre la fe cristiana que todavía tiene sentido para mí, después de todo. Sé que suena descabellado, pero cada vez que regreso a Texas, voy todos los meses a un grupo de tejedoras para ayudarles a hacer mantas para los habitantes de la calle. Yo soy el único varón en el grupo y soy definitivamente el más joven".

No pude evitar reír. Nathan no parece ser el tipo de hombre que, aguja de crochet en mano, se entretenga con punto-cadeneta-punto.

"Es algo pequeño que probablemente no cause un tremendo impacto en el gran esquema de las cosas. Honestamente, por la cantidad de dinero que gasto en cerveza en un fin de semana, probablemente podría simplemente ir y comprar un montón de mantas nuevas para cada destechado en la ciudad. Pero hay algo en esto de sentarme en un círculo con esas mujeres haciendo algo por alguien más; hay algo que me hace sentirme más cerca de Dios. Es como mi iglesia".

Hablamos por unas horas más en la cafetería ese día, a lo que siguió una comunicación regular por correo. Nathan regresó a Texas y luego a Irak para una segunda ronda de servicio. A veces quisiera poder enviarle un piano por correo.

CAPÍTULO 7

Cuando los creyentes preguntan

No se sintió de inmediato como una crisis de fe, más bien fue como un desajuste, una pequeña falla en el sistema que hizo que algunas funciones importantes comenzaran a fallar. Todo empezó una tarde de noviembre cuando cruzaba de prisa el vestíbulo de mi residencia estudiantil en Bryan camino a una reunión con el personal del periódico. Observé un grupo de diez o doce chicas de pie frente al televisor.

"¿Pasó algo?", pregunté, a medida que mi estómago caía hasta lo más profundo pues recordé una escena similar la mañana del 11 de septiembre.

"Mira, tienes que ver esto", dijo una de las chicas.

Fue justo antes de que Estados Unidos invadiera Afganistán en 2001, cuando la prensa se ocupaba en transmitir una serie de videos caseros crudos que mostraban los abusos contra los derechos humanos cometidos por los talibanes. Las imágenes más recientes venían de *Behind the Veil*, un documental clandestino que resaltaba la opresión a las mujeres en ese país.

Lo que vimos mis compañeras y yo fue cómo una mujer envuelta en una pesada burka azul llegaba a un estadio de fútbol en Kabul en la parte trasera de una camioneta *pick up*. Acusada de haber asesinado a su esposo, la escoltaban oficiales talibanes portando sus *Kalishnikov*. Según el narrador, buscaban ponerla como escarmiento ante los casi 30 000 espectadores. El documental, de repente, pasaba al siguiente corte en el que la mujer era obligada a arrodillarse en la cancha polvorienta. Ella giraba de izquierda a derecha como si estuviera desorientada. El *zoom* de la cámara era tan estrecho que todo temblaba.

Luego, desde la esquina izquierda de la pantalla, un verdugo se acercaba a la mujer, metódicamente levantaba su arma hacia la parte posterior de la cabeza de la víctima, y disparaba. Varias de las chicas en el vestíbulo jadearon. El documental de repente pasó a la siguiente imagen, en la que otra mujer con velo corría hacia el cuerpo para asegurarse de que todavía estaba bien cubierto por la burka. El cuerpo inerte de la mujer yacía boca arriba, y me di cuenta de que llevaba zapatillas deportivas.

Más tarde supe que se llamaba Zarmina. Tenía treinta y cinco años, madre de cinco niños. Su esposo tenía reputación de ser un abusador. Se había casado con él cuando tenía tan solo dieciséis años. Los talibanes nunca encontraron el arma homicida, pero los lugareños informaron que se consiguió una confesión después de torturar a Zarmina durante dos días golpeándola con cables de acero. Condenada en un juicio secreto, pasó tres años en una prisión afgana, mientras que sus familiares vendieron a sus hijas mayores en el mercado de la esclavitud sexual. Algunos amigos de Zarmina dicen que ella fue al estadio de fútbol esperando una serie de latigazos, no la muerte.

CNN transmitió repetidamente la cinta, tal vez para que nos sintiéramos mejor con la guerra contra los talibanes. Pero no fueron los talibanes los que me produjeron ira. Cada vez que veía la ejecución de Zarmina, mi enojo iba dirigido más y más a Dios. Fue Dios el que aseguró haber formado a Zarmina en el vientre de su madre. Fue Dios el que ordenó que naciera en un país del tercer mundo bajo un régimen opresivo. Dios tenía todo el poder y los recursos a su alcance para evitar que esto sucediera, y sin embargo no hizo nada. Lo peor de todo era que veinte años de educación cristiana me aseguraban que, debido a que Zarmina era musulmana, ella sufriría un interminable tormento en el infierno por el resto de la eternidad. El castigo con el que los talibanes la sometieron en esta vida no era nada comparado con cómo Dios la iría a castigar en la próxima.

De repente, los conceptos abstractos sobre el cielo y el infierno, la elección divina y el libre albedrío, el pluralismo religioso y el exclusivismo, tenían un nombre: Zarmina. Sentí que podría aceptar el sufrimiento de Zarmina si estuviera restringido a esta vida, si supiera que Dios le haría algún tipo de justicia después de la muerte. Pero la idea de que esta mujer pasó de agonía en agonía, de tortura en tortura, de toda una vida de dolor y tristeza a una eternidad de dolor y tristeza, solo porque tenía menos información sobre el evangelio que yo, parecía cruel e incluso sádico. Dios sabía mucho antes de que Zarmina naciera, antes de su primera risita, antes de sus primeros pasos, antes de sus primeras palabras, que ese era su destino. Lo supo desde el principio y, sin embargo, la creó de todos modos. Me preguntaba cuántos millones de personas como Zarmina morían cada día en circunstancias similares. Pensé en los campos de exterminio en Camboya, el asesinato por gases venenosos de los kurdos iraquíes, y esas imágenes terribles, inquietantes, de bodegas llenas de anteojos y zapatos y chales de oración que hablan por las víctimas del Holocausto. ¿Se suponía que yo tenía que creer que todas esas personas fueron al infierno porque no eran cristianas?

No es que el concepto del infierno nunca me hubiera molestado antes. Incluso cuando yo era niña ya tenía la extraña costumbre de pensar en la gente en términos de su destino eterno. Cada vez que llegaba la noticia de la muerte de alguna estrella de cine o de algún político, les preguntaba a mis padres si él o ella eran cristianos. Cuando supe en clase de historia de la matanza que Pizarro perpetró contra los incas, le pregunté a mi maestra si hubo alguna posibilidad de que misioneros más benevolentes hubieran podido llegar antes a los nativos. Lloré hasta el final de *La vida es bella* porque creía que si Guido hubiera sido una persona real, se hubiera ido al infierno.

Después de terminar las últimas páginas de *El diario de Ana Frank* en la secundaria, la Srta. Kelly nos contó en clase que Ana y su hermana murieron de tifus en un campo de concentración, gracias a Adolfo Hitler. Yo estaba horrorizada, no solo por el campo de prisioneros sino por todo lo que se me había enseñado desde niña, que me decía que puesto que Ana era judía y no había aceptado a Jesucristo como su Salvador, ella y el resto de su familia estaban ardiendo en el infierno. Me recuerdo mirando la foto en blanco y negro de Ana en la tapa de mi libro, rogándole en privado a Dios que la dejara salir del lago de fuego. Durante semanas recé diligentemente por su alma, a pesar de que había escuchado que solo los católicos y los mormones eran los que hacían tal cosa. En realidad, yo era una niña bastante intensa.

En la escuela dominical, siempre me hicieron ver que el infierno era un lugar para gente como Hitler, no para sus víctimas. Pero si mis maestras de escuela dominical y mis profesores universitarios tenían razón, entonces el infierno está poblado no solo por personas como Hitler y Stalin, Hussein y Milosevic, sino por la gente que ellos persiguieron. Si solo los cristianos que han nacido de nuevo van al cielo, entonces las pilas de maletas y de bolsas que contienen cabello humano y se exhiben en el Museo del Holocausto representan a miles y miles de hombres, mujeres y niños que están sufriendo una agonía eterna a manos de un Dios enojado. Si la salvación solo está disponible para los cristianos, entonces el evangelio no es una buena noticia para todos. Para la mayoría de la raza humana, es una noticia terrible.

Pensé en todo esto la noche después de ver la ejecución de Zarmina. Una lluvia fuerte arañaba la ventana de mi dormitorio como si fuera un gato frenético, y el viento sacudía las líneas eléctricas, por lo que la luz de la lámpara parpadeaba de vez en cuando. Sarah estaba sentada en el piso, en la esquina opuesta de la habitación, trabajando febrilmente en algún tipo de proyecto para su clase de educación primaria. No había más que fragmentos de cartulina y pequeños globos oculares de plástico repartidos por todas partes a su alrededor. No podía concentrarme en mi tarea sobre el *Rey Lear*.

"¿Tú crees que hay violación en el infierno?", le pregunté a Sarah.

"¿Qué?". Por supuesto, ella se sorprendió.

"Violación. ¿Crees que hay violación en el infierno?".

"No lo sé, Rachel. No creo que la Biblia diga nada sobre eso. ¿Qué demonios te hace venir con semejante pregunta?".

"La gente dice que el infierno es un lugar de tortura eterna, ¿verdad? Bien. Lo más horrible que puedo imaginar que le pase a alguien es ser violada una y otra vez por la eternidad, así que supongo que si la gente es violada en el infierno, eso cabe dentro de las posibilidades, ¿no?".

"Supongo que está entre las posibilidades, pero…".

"¿Viste esa cosa en las noticias sobre esa mujer, la que le dispararon en una cancha de fútbol en Afganistán?".

"Sí, la vi".

"¿Qué crees que le pasó a ella después de eso?".

"¿Después de que le dispararon? No creo que podamos estar seguras, Rachel. Realmente no conocemos su corazón".

"Eso es lo que la gente dice cuando no quieren decir que alguien se fue al infierno", dije rotundamente. "La reportera de CNN dijo que ella rezó las oraciones musulmanas tradicionales justo antes de que la sacaran de la camioneta. Definitivamente ella era musulmana, Sarah".

Sarah hizo una pausa. "Bueno, ya sabes que Jesús dijo: 'Yo soy el camino, la verdad y la vida…'".

"Pero eso no es justo. ¿Cómo se suponía que ella debía saber algo diferente? Toda su vida le enseñaron que el islam era la única religión verdadera, tal como nos lo han enseñado a nosotras toda la vida, que el cristianismo es la única religión verdadera. Dios realmente no le dio una oportunidad".

"¿No es por eso que los misioneros son tan importantes?", preguntó Sarah.

"Sí, pero los misioneros no pueden llegar a todos a tiempo. Hay millones de personas, en el pasado y en el presente, que no han conocido el cristianismo en absoluto. ¿Se supone que debemos creer que cinco segundos después de que Jesús resucitó de la muerte, todos en la tierra eran responsables de esa información? ¿Cómo es que un chico que vivía, qué se yo, en la Mongolia Profunda en el año 15 d. de C. iba supuestamente a descubrir que Jesús había muerto en la cruz por sus pecados, que fue sepultado y que resucitó al tercer día? Es imposible".

No tenía ni idea dónde quedaba Mongolia Profunda ni qué tipo de personas vivían allá en el año 15 d. de C, pero estaba muy segura de que los mongoles de entonces no iban a la escuela dominical.

"Simplemente asumimos que los niños pequeños y las personas con discapacidad mental van al cielo", dije. "No es que la Biblia diga eso. Entonces, ¿por qué no podemos creer que las personas sin el evangelio puedan ir al cielo? ¿Cuál es la diferencia? ¿Por qué nadie me da una respuesta directa sobre eso?".

La pobre Sarah parecía afectada, y me di cuenta de que pude haber planteado el asunto muy tajantemente.

"¿Por qué no le preguntas a tu papá?", preguntó ella, tentativamente.

Esa noche me di una larga ducha antes de acostarme. Estuve despierta durante horas escuchando la lluvia y tratando de orar. Cuando finalmente me quedé dormida, soñé con Zarmina.

A la mañana siguiente, en la capilla se inició con adoración. En el escenario, un chico en *jeans*, una camiseta gris y *Birkenstocks* tocaba la guitarra. La letra de la canción de adoración se proyectaba en la pantalla detrás de él. Cantamos una canción en la que la letra decía acerca de Dios, "Solo tú eres santo, solo tú eres digno, eres sombroso para mí".

Mientras mis amigos y compañeros cantaban juntos, algunos

con las manos arriba y los ojos cerrados, en todo en lo que yo podía pensar era en los tenis de Zarmina, que se asomaban por debajo de su burka. No vi nada santo, ni digno ni asombroso en todo eso. Mi garganta se cerró. Dejé de cantar. Una tristeza espesa e intensa se apoderó de mi cuerpo, y yo ya no quería adorar más.

Toda mi vida había imaginado a Dios como una luz cálida y sin rostro, una especie de sol benevolente y eterno. Esa mañana, en la capilla, una sombra pasó sobre él como un eclipse, durante algunos años, todo lo que pude ver fue un tenue resplandor alrededor de sus bordes.

▽

Fue como si hubiera descubierto una grieta gigante en la pared de la cosmovisión bíblica, y cuanto más estudiaba esa grieta, tanto más numerosas eran las fracturas y fisuras que iban surgiendo. Empecé a preocuparme de que este asunto con Zarmina pudiera ser un problema fundamental, que pudiera haber algo seriamente malo con el cristianismo, algo sin arreglo.

Lo que hace que una crisis de fe sea tan aterradora es que, una vez que te permites una o dos preguntas, muchas más van a venir inevitablemente. Antes de que te des cuenta, todo te va a parecer sospechoso. Las dudas que yo había estado arrinconando en el fondo de mi mente durante años se precipitaron corriendo hacia la parte delantera en una avalancha de preguntas: si Dios es realmente bueno y misericordioso, entonces, ¿por qué le ordenó a Josué que matara a todos los hombres, las mujeres y los niños en Jericó? ¿No llamaríamos a eso genocidio hoy en día? ¿Cómo puede Dios ser justo si solo él ordena nuestro destino eterno, si la mayoría de las personas no tienen más remedio que enfrentar la condenación eterna? Cuando decimos que Dios es soberano, que no se hace el bien ni el mal fuera de su voluntad, ¿significa eso que él preside cada violación que se comete contra un niño? Si nacemos depravados y no tenemos control sobre nuestra naturaleza de pecado, ¿por qué Dios nos castiga por eso? Si toda la verdad es la verdad de Dios, entonces ¿por qué tenemos tanto miedo de enfrentar los cerros de evidencia científica que apoyan la evolución? ¿No es un poco sospechoso que la única religión verdadera es aquella en la que yo crecí?

El espacio entre dudar de la bondad de Dios y dudar de su existencia no es tan amplio como se podría pensar. Me encontré a mí misma cruzándolo con frecuencia, ya que no necesité dar un gran salto. Supongo que es similar a lo que le sucede a una persona cuando es traicionada por un ser querido. Al principio, la persona que sufre la traición está enojada con su traidor porque ha violado un vínculo sagrado entre ellos, algún compromiso, oficial o no, de amor, amistad o lealtad. Pero, con el paso del tiempo, la persona que ha sido traicionada comienza a preguntarse si ese vínculo alguna vez existió en primer lugar, si era real o solo estaba en su imaginación. Así es como me sentí con Dios. Primero dudé de que fuera bueno; luego dudé que fuera real. Parecía como si el argumento teleológico en favor de su existencia fuera mucho menos efectivo cuando ya no estaba tan segura de su benevolencia. Nunca me había dado cuenta de lo importante que es la esperanza para creer.

Comencé a recolectar evidencias para el pequeño juicio que estaba montando en mi cabeza. Miré en la ciencia que sustenta la evolución. Saqué libros sobre religiones del mundo de la biblioteca. Enfrenté las partes poco halagadoras de la historia de la iglesia. Estudié los textos bíblicos preocupantes que parecían apoyar la esclavitud, la misoginia, la violencia y la limpieza étnica. Fui incrementando cada vez más y más mis sospechas de las personas que afirmaban que Dios apoya ciertas posturas políticas, sistemas teológicos o decisiones de estilo de vida.

Las grandes preguntas tienen una especie de efecto dominó. Las preocupaciones sobre ciertos textos bíblicos condujeron a preguntas sobre la inerrancia de la Biblia; las preguntas sobre la inerrancia de la Biblia llevaron a preguntas sobre cómo fue ensamblado el canon bíblico; las preguntas sobre cómo fue ensamblado el canon bíblico llevaron a preguntas sobre la autoridad de la iglesia; las preguntas sobre la autoridad de la iglesia llevaron a preguntas sobre el Espíritu Santo; las preguntas sobre el Espíritu Santo llevaron a preguntas sobre la Trinidad; las preguntas sobre la Trinidad llevaron a preguntas sobre cómo carajos había pasado de preocuparme por el jardín del Edén a preocuparme por las analogías de los tréboles de tres hojas.

Solo que esta vez no me estaba haciendo estas preguntas retóricamente ni en preparación para un debate imaginario con un escéptico. Era yo quien se las hacía porque no lo sabía. Esta vez, yo era la escéptica.

De niña, cuando alguien me preguntó por qué yo era cristiana, dije que era porque Jesús vivía en mi corazón. En la escuela dominical, dije que era porque yo había aceptado la muerte expiatoria de Jesucristo en la cruz por mis pecados. En mi segundo año de universidad, durante una fase corta de coqueteo con la tradición Reformada, dije que fue por la gracia irresistible de Dios. Pero después de ver la ejecución de Zarmina en televisión, decidí que la respuesta más sincera a esa pregunta era esta: yo soy cristiana porque nací en los Estados Unidos de América en el año 1981 proveniente de la unión de Peter y Robin Held. Los arminianos lo llaman libre albedrío; los calvinistas lo llaman predestinación. Yo lo llamo "lotería cósmica".

No hace falta ser un experto en antropología para darse cuenta de que el factor más importante para determinar la naturaleza de uno, incluida la religión, es el lugar y la hora en que uno nace, un factor completamente fuera de nuestro control. A mí me sucedió que nací en Estados Unidos en el siglo XX, de unos padres cristianos cuya religión abracé. Si hubiera vivido en este mismo lugar, en los Montes Apalaches, solo dos mil años antes, sé con certeza que no habría aceptado a Jesucristo como mi Señor y Salvador, principalmente porque nunca habría escuchado hablar de ese tipo. O, digamos, que estoy en el siglo correcto, pero que la ubicación es incorrecta. Hay pocas dudas en mi mente de que si hubiera crecido en un hogar musulmán moderno en, por ejemplo,

Afganistán o Turquía, yo habría honrado fielmente las enseñanzas de mis padres y seguido el islam como todos los demás. No elegimos nuestras cosmovisiones; ellas nos eligen.

Eso fue lo que le dije a mi padre en su oficina un viernes por la tarde, en algún momento entre haber visto la ejecución de Zarmina y graduarme de Bryan un año después.

Me encantaba la oficina de mi padre. Densa, con libros y muebles pesados y oscuros, estaba decorada con gárgolas en miniatura y rocas preciosas y fotografías enmarcadas de sus viajes: un oso negro entre las flores silvestres en Yellowstone, madera flotante en una playa de las Bahamas, una foto perfecta iluminada por el sol del Coliseo en Roma. A los estudiantes les esperaban juegos improvisados de ajedrez en el tablero de madera con adornos elaborados, siempre con las piezas listas. En su escritorio abarrotado, vergonzosas fotos mías y de Amanda con *brackets*. Me sentía segura en ese lugar.

"Es como si Dios jugara algún tipo de sorteo universal con la humanidad en la que todos nuestros nombres son puestos en un gran sombrero en el comienzo de los tiempos", dije, sentada con las piernas cruzadas en la silla frente a su escritorio. "Algunos de nosotros somos seleccionados al azar para el hambre, la guerra, las enfermedades y el paganismo, mientras que otros terminan con casas de quince mil pies cuadrados, educación cristiana costosa y galletas Oreo con relleno doble. Es una lotería cósmica, suerte con las cartas".

Mi padre escuchó atentamente, haciendo preguntas aquí y allí, y dejándome continuar durante al menos una hora antes de decir: "Rachel, no podemos elegir a dedo qué partes de la Biblia vamos a creer en función de cómo nos sentimos. Solo porque no entiendes los caminos de Dios no significan que no son buenos. Tienes razón. Mucha gente muere sin el evangelio, y puedo ver por qué eso te molesta. Pero no seas desagradecida por tu propia salvación".

"Papá, ¿cómo puedo estar agradecida?", le pregunté

incrédula; las lágrimas se acumulaban en mis ojos. "Es como si Dios fuera un guardia nazi en un campo de concentración, que elimina al azar a los prisioneros como parte de la selección. Si alguien dispara y mata a mamá y a Amanda pero a mí me perdona la vida, tal vez sienta una fugaz sensación de gratitud hacia él, pero nunca podría atreverme a exaltarlo y adorarlo. ¿Cómo puede ser diferente con Dios? ¿Por qué debería adorar a un Dios que me muestra misericordia a mí, pero no a mi vecino? ¿Por qué deberíamos estar indignados por cosas como el Holocausto o la trata de personas cuando nuestro propio Dios es tan cruel con su creación como lo somos los unos con los otros?".

Creo que mi irreverencia lo sobresaltó un poco, porque algo similar al miedo se proyectaba como una sombra sobre su rostro. Su voz sonaba tensa. "Rachel", dijo suavemente, "ten cuidado con lo que dices".

Creo que creces oficialmente en el momento en que te das cuenta de que eres capaz de causarles dolor a tus padres. Toda la rebeldía de la adolescencia, todos los portazos y los berrinches y las pataletas irreflexivas de la juventud: esas son señales de que todavía piensas que tus padres son invencibles, que todavía te imaginas impotente frente a ellos. Mientras mi padre y yo hablábamos en su oficina esa tarde, pensé en lo devastado que se sentiría si alguna vez yo abandonara la fe, y me di cuenta por primera vez de que podía romper su corazón. Me di cuenta por primera vez de que estábamos hechos de lo mismo. El miedo y la inseguridad los sentía él igual que yo, de la misma manera. Él no gozaba de ninguna inmunidad especial contra la desilusión o la culpa, no contaba con una armadura incorporada para protegerse del dolor que yo podría causarle. Por primera vez en mi vida supe lo que era relacionarme con mi padre como un compañero.

Fue espantoso.

CAPÍTULO 8

Jesús, Dios en sandalias

Así, entonces, llega el punto en la historia en el que me dirijo a Jesús.

No te preocupes. No hay ningún llamado al altar ni luz suave ni el sonsonete repetitivo de "Tal como soy". Tampoco una revelación repentina de que todas mis preguntas son respondidas en un solo versículo y toda duda arrojada a lo lejos por un momento de iluminación. No, nada de eso; tan solo yo, en sudadera, una copa de vino y las historias familiares de Jesús esparcidas frente a mí en la mesa de la cocina como si fueran un viejo álbum de fotos familiares que de repente tiene un nuevo significado después de una muerte, de un divorcio o de una reconciliación largamente esperada.

Habían pasado tres años desde la primera vez que vi la ejecución de Zarmina en la televisión, y seguía tan enojada con Dios como siempre. No debido a alguna tristeza en mi propia vida —me había casado, trabajaba para el periódico local y andaba supremamente ocupada decorando la casa que recién habíamos comprado—, sino a la tristeza profunda y arraigada de este mundo en el que treinta mil niños mueren de hambre cada día, y tsunamis arrasan pueblos enteros; un mundo en el que la brecha entre ricos y pobres sigue ampliándose.

Como una especie de último recurso, decidí invertir todo el verano del 2004 en la lectura de los Evangelios. Me acordé de algo que mi pastor de jóvenes solía decir en sus sermones. "Vamos a hacer una parada en el Nuevo Testamento para ver lo que Jesús tiene que decir sobre esto", anunciaba antes de citar capítulo y versículos, "puesto que Jesús encarnó todos los deseos, pasiones, esperanzas y sueños porque Jesús era Dios en sandalias".

Siempre me gustó esa imagen: Dios en sandalias. Nada es tan absurdo o profundo como la noción del Gran YO SOY caminando con tierra entre los dedos de los pies. Pensaba en eso a menudo mientras luchaba con preguntas sobre la naturaleza de Dios y mis dudas sobre su bondad. Recordé lo que dijo Juan sobre Jesús en los renglones iniciales de su evangelio: "A Dios nadie lo ha visto nunca; el Hijo unigénito, que es Dios, y que vive en unión íntima con el Padre, *nos lo ha dado a conocer*" (Juan 1:18, cursiva mía). Yo quería una explicación de Dios y, según Juan, el mejor lugar para empezar es con Jesús. Si Jesús fue realmente la revelación más completa y comprehensiva de lo divino, si él fue realmente Dios en sandalias, entonces eso significa que a él le importaba lo que a Dios le importaba, odiaba lo que Dios odiaba y amaba lo que Dios amaba. La encarnación le dio un rostro a Dios. Le dio lágrimas literales, risas literales, manos literales, pies literales, un corazón literal y una mente literal. Lo que el Espíritu de Dios dijo e hizo mientras vivía entre nosotros en la persona de Jesús tiene que decirnos mucho sobre lo que más le importa. Entonces, a pesar de mis dudas, o tal vez por ellas, decidí ver si Jesús tenía la respuesta.

Bueno. No; no la tenía. No tienes que ir muy lejos en los Evangelios para notar que Jesús es un pésimo apologeta. Estoy convencida de que él hubiera sido rechazado por cualquier institución cristiana medio decente de artes liberales. Jesús respondía más con preguntas que con respuestas. Él prefería la historia a la exposición. A pesar de jactarse de contar con una sabiduría infinita y con un conocimiento ilimitado, eligió no abordar abiertamente el pluralismo religioso, ni el problema del mal, ni la hermenéutica, ni la ciencia, ni la homosexualidad. Él no venía ante sus detractores con respuestas precisas de esas que uno organiza en viñetas, ni con largas explicaciones ante los escépticos. No hizo que seguirlo fuera lógico o fácil. Sin embargo, no me decepcionó. Quizás fue el vino. Tal vez fue el alivio sorprendente de sentirme arrastrada por la historia. Pero algo sobre Jesús me llevó a formular mejores preguntas. Algo acerca de Jesús me dio la esperanza suficiente para decidirme a no desistir de mi empeño... al menos no todavía.

Lo primero que noté al leer a Mateo, Marcos, Lucas y Juan fue que los cristianos que dicen tomar la Biblia literalmente o que dicen que obedecen todas sus enseñanzas "sin escoger ni elegir a conveniencia" son mentirosos o son habitantes de la calle. Jesús demandó mucho de sus discípulos. "Cualquiera de ustedes que no renuncie a todos sus bienes, no puede ser mi discípulo" (Lucas 14:33). "El que quiere a su padre o a su madre más que a mí, no es digno de mí" (Mateo 10:37). "Si alguien quiere ser mi discípulo, que se niegue a sí mismo, lleve su cruz cada día y me siga" (Lucas 9:23).

Algunos van a argumentar diciendo que estas instrucciones fueron hechas específicamente para aquellos discípulos encargados de servir junto a Jesús durante su ministerio. Esto puede ser cierto, pero incluso en el Sermón del Monte, que estaba destinado a un público mucho más amplio, Jesús les dijo a los primeros cristianos: "No resistan al que les haga mal. Si alguien te da una bofetada en la mejilla derecha, vuélvele también la otra. Si alguien te pone pleito por quitarte la capa, déjale también la camisa. Si alguien te obliga a llevarle la carga un kilómetro, llévasela dos. Al que te pida, dale; y al que quiera tomar de ti prestado...; Amen a sus enemigos y oren por quienes los persiguen...; No acumulen para sí tesoros en la tierra...; No juzguen" (Mateo 5:39-42, 44; 6:19; 7:1). Las enseñanzas de Jesús van en contra de todos los que, en nuestra cultura e incluso en la iglesia, nos sermonean con lo de poner límites, vengarse, lograr el éxito financiero y "llamar pecado al pecado" cuando se trata de los errores de los demás.

Por primera vez, me pregunté si mis reticencias ante el cristianismo no eran puramente de índole ideológica. Me pregunté si tal vez el cálculo del costo no estaba jugando un papel sutil. Tendrías que estar loco como para no tener dudas sobre eso de seguir a Jesús.

El segundo tema que surgió al leer los Evangelios fue que, si Jesús es Dios, entonces Dios no ha olvidado a los violentados ni a los oprimidos de este mundo. De hecho, Jesús tuvo una relación especial con los que fueron los más olvidados en la sociedad del primer siglo: las mujeres, los recaudadores de impuestos, las personas enfermas, las minorías, los samaritanos y los pecadores. Jesús les dio la bienvenida a los niños en sus brazos y lavó los pies sucios de sus discípulos. Tomó de la mano a los que sufrían de lepra y se rodeó de los pobres y sin educación. No comenzó su primer sermón explicando que los pobres son las víctimas desafortunadas de la lotería cósmica, sino diciendo que de ellos es el reino de los cielos (Lucas 6:20). Incluso cuando la multitud se agolpó al punto de que la gente ya se pisoteaba entre sí, incluso cuando los mendigos empezaron a hacer mucho ruido y ya eran insoportables, incluso cuando toda la necesidad y la desesperación no eran más que motivo de vergüenza para a los discípulos, vez tras vez Mateo describe a Jesús como alguien que "tuvo compasión" (Mateo 9:36; 14:14; 15:32; 20:34). Con cautela, comencé a preguntarme si la razón por la que yo estaba tan desesperada por creer que Dios amaba a Zarmina era porque, en efecto, la amaba.

Lo último y más sorprendente que noté a medida que me iba familiarizando con los Evangelios fue que Jesús tuvo una visión de la fe muy diferente a la que yo estaba acostumbrada. No estoy muy segura de cuándo sucedió, pero en algún momento en mi adolescencia tardía o a inicios de mis veinte fue como si Jesús hubiera agarrado sus maletas y se hubiera mudado de mi corazón a mi cabeza. Jesús se convirtió en una idea, en una especie de mecanismo teológico por el cual se logra la salvación. Lo empecé a describir en términos de *expiación, logos, el objeto de mi fe* y *verdad absoluta*. Era algo con lo que estaba de acuerdo, no alguien a quien yo seguía. Quizás fue debido a que pasé tanto tiempo como estudiante que llegué a pensar en la fe en términos de creer lo correcto acerca de Jesús. ¿Nacido de una virgen? Punto a favor. ¿Completamente Dios y completamente hombre? Punto a favor. ¿Sin pecado? Punto a favor. ¿Sacrificado en la cruz en nuestro lugar? Punto a favor. Comprobar lo correcto de la lista significaba la diferencia entre la salvación y la condenación. Era eso lo que separaba a los cristianos de los no cristianos, o como me gustaba decir, los creyentes de los no creyentes.

Pero Jesús raramente enmarcó el discipulado en términos de una afirmación intelectual a un conjunto de declaraciones proposicionales. Él no llevaba a los nuevos conversos a lo largo de un Camino por la Carta a los Romanos, ni le pidió a Pedro que redactara una declaración de fe antes de darle las llaves del reino. Su método de evangelización variaba de persona a persona y generalmente implicaba un cambio dramático de estilo de vida en lugar de un simple cambio de parecer. Para Jesús "solo por la fe" no significaba "solo por la creencia". Para Jesús, la fe estaba invariablemente ligada a la obediencia.

En ninguna parte esto es más evidente que en la breve parábola que contó al concluir el Sermón del Monte: "Por tanto, todo el que oye estas palabras y las pone en práctica es como un hombre prudente que construyó su casa sobre la roca. Cayeron las lluvias, crecieron los ríos y soplaron los vientos y azotaron aquella casa; con todo, la casa no se derrumbó porque estaba cimentada sobre la roca. Pero todo el que oye estas palabras y no las pone en práctica es como un hombre insensato que construyó su casa sobre la arena. Cayeron las lluvias, crecieron los ríos, soplaron los vientos y azotaron aquella casa, y esta se derrumbó y grande fue su ruina" (Mateo 7:24-27).

Solíamos cantar una canción acerca de esta parábola en la escuela dominical, que implicaba muchos movimientos geniales que mostraban exactamente cómo cayeron las lluvias y subieron las inundaciones, y cómo la casa del sabio se mantuvo firme, y cómo la casa del hombre necio se aplastaba. A través de los años, escuché que la historia representa la importancia de construir mi casa en la roca sólida de una cosmovisión bíblica, que la mejor manera de proteger mi fe contra los vientos y la lluvia de dudas es construirla con el hormigón de la verdad absoluta, las viguetas de la Escritura inerrante y los contrafuertes de una sólida doctrina cristiana. Y, sin embargo, en palabras de Jesús, todos esos cursos de apologética y todos esos libros de teología y todas esas técnicas de debate son solo castillos en la arena si no tengo el compromiso de amar a mi prójimo como a mí mismo. Empecé a preguntarme si la obediencia —con o sin respuestas— era lo único que podía salvarme de esa tormenta.

No hace falta decir que fue un verano extraño. No fue el verano que puso fin a mis dudas, pero fue en el que me encontré con un Jesús diferente, un Jesús que requiere más de mí que mi afirmación intelectual y mi lealtad emocional; un Jesús que se asoció con los pecadores y enfureció a los religiosos; un Jesús que rompió las reglas y se negó a lanzar la primera piedra; un Jesús que gravitó hacia las personas enfermas y los locos, hacia la gente sin hogar y la gente desesperada; un Jesús que prefirió la historia a la exposición y la metáfora al silogismo; un Jesús que respondía preguntas con más preguntas y a las demandas de prueba respondía con demandas de fe; un Jesús que les enseñó a sus seguidores a dar sin esperar nada a cambio, amar a su enemigos hasta la muerte, vivir de forma sencilla y sin muchas cosas, y decir lo que se pone en práctica y poner en práctica lo que se dice; un Jesús que curó a cada persona de manera diferente y salvó a cada persona de manera diferente; un Jesús que no tenía una lista de creencias para verificar, ni una declaración de fe para firmar, ni una forma segura de saber quién estaba "adentro" y quién "afuera"; un Jesús que amó después de ser traicionado, sanó después de ser herido, y perdonó mientras estaba siendo clavado en un árbol; un Jesús que les pidió a sus discípulos que hicieran lo mismo.

Todos vamos a la Biblia buscando algo: a veces es consuelo en medio del dolor; a veces es la confirmación de lo que ya creemos; a veces es un dato para agregarle otra arruga a nuestros cerebros. Yo fui a los Evangelios buscando esperanza para Zarmina y respuestas a mis preguntas sobre Dios. Lo que encontré fue esperanza para Zarmina y alrededor de un millón de preguntas más sobre Dios. Se me ocurrió que si mi fe lograba sobrevivir a todas esas dudas, entonces este rabino radical, este Dios con sandalias, requeriría más de mí que nunca. Este Jesús radical quería vivir no solo en mi corazón y en mi cabeza sino también en mis manos, dando de comer a los hambrientos, acercándome a mis enemigos, curando a los enfermos, y consolando a los solitarios. Ser cristiano, al parecer, no se trata de aceptar de cierta manera; se trata de encarnar de cierta manera. Se trata de vivir como una encarnación de Jesús, como Jesús vivió como una encarnación de Dios. Se trata de ser Jesús... en zapatillas deportivas.

CAPÍTULO 9

La culpa del superviviente

Es difícil mantener una visión del mundo consistente cuando el mundo siempre está cambiando, y en los meses y años subsiguientes a mi tercer año de universidad, el mundo cambió dramáticamente.

Los evangélicos ayudaron a elegir a George W. Bush a la presidencia en el 2000 con la esperanza de que pudiera ganar algunas guerras culturales. Pero, para cuando llegó a su segundo mandato, el país se vio envuelto en dos guerras reales que cambiaron el panorama cultural de EE.UU y del mundo en formas nunca antes imaginadas.

El nacionalismo religioso que caracterizó los meses después del 11 de septiembre de 2001 dio paso a la preocupación y la duda a medida que un público cansado de la guerra y enfrentado a sus angustias económicas se las tenía que ver con una influencia decreciente del país en el exterior. La promesa de "liberar al mundo de malhechores", que una vez fue el clarín que convocaba a la unidad, en retrospectiva suena a arrogancia e ingenuidad. Los meses se convirtieron en años, el conteo de muertos trepaba alto, más y más alto, y los temas de tortura, teléfonos intervenidos y daños colaterales pasaron de susurros nerviosos a gritos. Las cosas dejaron de encajar en las categorías ordenadas y nítidas de correcto e incorrecto, bien y mal. Lo blanco y lo negro lentamente se destiñeron en gris.

A través de nuestras computadoras portátiles y teléfonos celulares, mis amigos y yo veíamos cómo se desarrollaba todo. Las imágenes de los conflictos y los desastres nos llegaban instantáneamente y se transmitían perpetuamente a través del ciclo de noticias de 24 horas. Ninguna generación anterior había disfrutado de un acceso tan fácil a la información ni había experimentado una sensación tan profunda de conexión con el resto del mundo. Debido a esto, creo que estábamos menos inclinados que nuestros padres a pensar en Estados Unidos como el centro del universo y en la gente y las culturas de otros países y como simples estadísticas. Los cambios en los patrones de inmigración llevaron a que conociéramos más musulmanes e hindúes por sus nombres. La accesibilidad de los viajes internacionales amplió nuestra exposición a idiomas y culturas fuera del mundo occidental. Nuestra afición por la tecnología nos llevó a leer blogs de Irlanda y *tweets* de Irán. Jugábamos al póker con australianos y perdíamos juegos de disparos en primera persona con niños coreanos de diez años de edad. Gente como Zarmina se parecía mucho menos a "ellos" y mucho más a "nosotros".

Cuando Bagdad está prácticamente no más lejos que Nueva York, comienzas a darte cuenta de que lo que sucede allí es tan real como lo que pasa en tu ciudad natal. Después de ver la ejecución de Zarmina en la televisión, comencé a lidiar con la realidad de que los niños que morían en las guerras en el Medio Oriente no eran diferentes de los niños que murieron en ataques terroristas aquí en Estados Unidos. Las mujeres violadas en Darfur no son diferentes a mi madre, a mi hermana o a mi compañera de cuarto. Los bebés que mueren por agua sin purificar o por falta de nutrición no tienen menos valor que los bebés asesinados en los abortos. Las madres afganas y pakistaníes no aman a sus hijos menos de lo que las madres estadounidenses aman a los suyos.

No estoy segura de si es que había más malas noticias o si era que simplemente yo no estaba prestando mayor atención, pero parecía que los años después de mi graduación de Bryan en 2003 eran turbulentos para mucha gente alrededor del mundo. Las imágenes de olas de tsunamis, de escombros de terremotos y de campos de refugiados llenaban periódicos y revistas. Con cada nuevo informe, yo calculaba los números en mi cabeza. El tsunami asiático de 2004, por ejemplo, mató a doscientas mil personas que vivían en comunidades costeras alrededor de Indonesia, Sri Lanka, India y Tailandia. Eso fue casi setenta veces el número de muertos por los ataques del 11 de septiembre. La mayoría de las víctimas eran budistas o hindúes. El conflicto en Sudán, que comenzó en 2003, había segado las vidas de más de trescientos mil hombres, mujeres, y niños, la mayoría musulmanes. Para cuando sucedió el terremoto en Cachemira en 2005, que mató a setenta mil pakistaníes —solo dos meses después del huracán Katrina— los medios afirmaron que el público estadounidense sufría lo que llamaron "fatiga por desastre". Esto me pareció un poco irónico, ya que la mayoría de los estadounidenses gozan de buena alimentación y buenos niveles de seguridad y riqueza, según los estándares mundiales.

Mientras los iraquíes esquivaban los coches bomba y los pakistaníes sacaban a sus hijos de los escombros, yo iba al cine con mis amigos, me ganaba una vida digna como escritora independiente, y derrochaba en cereales de marca. Mientras millones de personas vivían sin acceso a una Biblia, teníamos tres versiones diferentes en nuestra estantería. Mientras que las madres sudanesas se preocupaban por cómo alimentar a sus hijos, nuestra preocupación era ganarle a la multitud para contar con una mesa libre en el *Olive Garden* los domingos. Mientras que algunos pasaban toda la vida sin escuchar el evangelio, nosotros lo dábamos por sentado.

"Yo no estoy sufriendo de fatiga por desastre", le dije a la televisión un día. "Lo que estoy sufriendo es la culpa del sobreviviente".

Mi generación tiende a sospechar del absolutismo. A los ponentes en los seminarios de apologética les gusta afirmar que estamos tan abiertos a las más diversas ideas que nuestros cerebros, por estar abiertos, se están cayendo. Algunos van tan lejos como echarles toda la culpa a Madonna y a Lady Gaga. Si ellas hacen que sea genial ser tolerante con otras religiones, o apoyar las organizaciones de ayuda social, u oponerse a la guerra, dicen, mi generación las obedecerá ingenuamente y comprará pulseras de Cábala, a aprender yoga y a unirse al Movimiento por la Liberación de Tíbet.

Pero creo que la mayoría de la gente está empezando a darse cuenta de que esta evaluación describe erróneamente mi generación y subestima cuán profundamente ha cambiado el mundo para nosotros. Nathan cuestionó el exclusivismo religioso no porque alguna celebridad le dijo que lo hiciera, sino porque pasó un tiempo en Irak, aprendió árabe y se hizo amigo de un musulmán. Yo reconsideré mis posiciones acerca del cielo y los demonios no porque quisiera ser como Britney sino porque haber visto la ejecución de Zarmina me cambió para siempre. Mi amiga Wendee, estudiante de biología, abrió su mente a la ciencia que sustenta la teoría de la evolución no porque ella fuera intelectualmente perezosa, sino porque es curiosa, inteligente y está comprometida con su área de estudio. Mi hermana, Amanda, se unió a las campañas de educación en torno al SIDA no porque sea fanática de Bono, sino porque tuvo en sus brazos una niña moribunda de la India.

A mi papá le gusta decirlo de esta manera: "Cuando yo era niño, mis padres me decían que terminara mi cena porque los niños en África se estaban muriendo de hambre. Ahora mis hijas conocen a esos niños por sus nombres".

La mentalidad abierta de los adultos jóvenes refleja algo más profundo e importante que una moda pasajera. No estoy exactamente segura de qué es o cómo debería llamarse, pero creo que tiene algo que ver con la adaptación a un nuevo entorno, con evolucionar con el fin de sobrevivir. Después de todo, nosotros crecimos creyendo que Estados Unidos era invencible, el capitalismo de libre mercado infalible, y Plutón un planeta. Nos hemos acostumbrado a cambiar de opinión.

▽

Algunos cristianos están más ofendidos por la idea de que todos vayan al cielo que por la idea de que todos vayan al infierno. Aprendí esto de la manera difícil, ya que los informes sobre mi crisis de fe se regaron por toda la ciudad y los rumores de que me convertiría en una universalista dieron toda la vuelta de regreso a mis oídos en una ola de correos electrónicos y llamadas telefónicas preñados de preocupación. Una vez que las noticias de tu desliz llegan a la cadena de oración, es mejor resignarte a lo que te depare la suerte. Supe que mis posibilidades de ganar otro Premio a la Mejor Actitud Cristiana se habían extinguido por completo cuando un exprofesor me preguntó cuándo había comenzado mis estudios de budismo.

En privado lloraba y me sentía asustada y perdida. Lloraba ante Dios noche tras noche, rogándole que "me ayudara en mi incredulidad". Con mi cara hundida en la almohada trataba de librarme de dudas y regresar a la fe, solo para despertar a la mañana siguiente con los ojos enrojecidos e hinchados y una tumefacción espiritual que me desconectaba del mundo, que me dejaba con una sensación de ausencia. Detestaba ir a la iglesia porque hasta las cosas pequeñas, ridículas, como las copas para la comunión, el coro de niños, la recolección de las ofrendas o los anuncios parroquiales desencadenaban en mí paranoia de alerta sobre lavados de cerebro y esquemas piramidales. No podía leer la Biblia sin tropezar con algo que no me gustara o no entendiera. Mi oración se hizo cada vez más intensa, y sentí que comenzaba a rendirme.

Públicamente, me volví obstinada e incorregible, lista para debatir con familiares y amigos cuya confianza en sus postulados, tan fácilmente sostenida, me desconcertaba y me frustraba, lo que me dio la excusa para enojarme con alguien más aparte de Dios. Me molestaba que otras personas no se molestaran. No podía entender por qué a nadie más le estresaba la existencia del infierno o por qué nadie se enojaba por todo el sufrimiento en el mundo. Fingía sorpresa cuando mis amigos se molestaban porque yo planteaba esos temas en las fiestas de despedidas de soltera y cuando jugábamos póker. Donde fuera que sintiera un mar en calma yo buscaba mecer el barco; quería que otros compartieran mi tormenta.

Existe la posibilidad de que esto me haya alejado de algunas personas. Sarah parecía estar supremamente preocupada. "¿No crees que es un poco peligroso estar cuestionando a Dios?", me preguntó una fría tarde de un sábado en *Harmony House*, la misma cafetería donde estuve con Nathan.

"Tal vez lo sea", respondí mientras calentaba mis manos con la taza. "Pero yo no puedo simplemente chasquear los dedos y hacer que esas preguntas desaparezcan, Sarah. Realmente estoy luchando con esta idea de que nuestro destino eterno está determinado por la suerte en un sorteo, que la mayoría de las personas se van al infierno simplemente por haber nacido en el lugar equivocado en el momento equivocado. De cualquier forma que lo mires, es injusto".

"La gente no está condenada porque no sepan nada acerca de Jesús", dijo Sarah. "Están condenados porque son pecadores. Todos somos enemigos de Dios, Rachel. Todos merecemos el infierno".

"Sí, pero si Dios es soberano, entonces la caída fue solo una parte de su plan. Estamos atrapados en esta naturaleza de pecado que no podemos controlar, y Dios nos castiga por eso. Es como si solo fuéramos marionetas en una cuerda, y Dios estuviera enojado con nosotros por hacer lo que nos obliga a hacer".

Sarah parecía estar rindiéndose. "Los caminos de Dios son más altos que nuestros caminos, Rachel. En algún momento tienes que aceptar el hecho de que no puedes entender todo lo que él hace. Él es el alfarero; tú, la arcilla. La arcilla no puede decirle al alfarero qué hacer".

"¿Sabes qué, Sarah? Estoy empezando a preguntarme si tal vez fuimos nosotros los que hicimos ese alfarero".

Fue una de las últimas conversaciones que ella y yo tuvimos sobre Dios. Incluso ahora, cuando nos juntamos para ponernos al día, tendemos a hablar de Dios de la misma manera en que la gente hablar sobre algún secreto compartido o un amigo muerto. Creo que ambas tenemos miedo de decir algo mal.

Mientras que algunos amigos declararon mi fe muerta cuando llegó a la sala de emergencias, otros insistieron en la desfibrilación a través de la teología sistemática. Más insistente fue mi amigo Andy,[1] que me envió un correo electrónico con el encabezado "Solo para saludar", luego de haber sabido por alguien (que lo supo por alguien más) que me había vuelto universalista, budista, o algo realmente terrible: anglicana. Al cierre de su correo electrónico, Andy escribió:

> Lamento saber que una chica inteligente como tú se haya convertido en otro cristiano edulcorado. Entiendo por qué sientes compasión por los condenados al infierno, Rachel, pero no puedes dejar que la emoción y el sentimentalismo determinen tu teología. No se puede confiar en los sentimientos porque están pervertidos por nuestra naturaleza pecaminosa. En asuntos como este solo se puede confiar en la Palabra de Dios.
>
> La verdad es que Dios está completamente disgustado por nuestro pecado, y, en primer lugar, es un milagro que él elija salvar a cualquiera de nosotros. Sin él, somos viles, asquerosos y solo dignos de condenación. Esa noción de que todos tienen derecho a la salvación es peligrosa, refleja más el énfasis en los derechos individuales de la cultura que las verdades escriturales. Ninguno de nosotros somos dignos de la gracia de Dios, Rachel. Sé que no lo soy. Te animo a que dejes de desafiar la soberanía de Dios y consideres tomar una posición de humildad y agradecimiento.

Había escuchado esta respuesta muchas veces antes, la que con cariño denominé "teología de la escoria del estanque". En el corazón de la teología de la escoria del estanque está la premisa de que los seres humanos no tienen valor intrínseco ni arte ni parte en la salvación, porque su naturaleza pecaminosa los hace tan asquerosos y ofensivos que Dios no tiene ninguna obligación de

---

1. Las conversaciones con Andy son un diálogo compuesto por diferentes conversaciones con más de una persona.

hacerles caso. Esta es la perspectiva que inspiró el famoso sermón "Pecadores en las manos de un Dios airado", de Jonathan Edwards, en el que el predicador le dijo a su aterrada congregación: "Así como alguien sostiene una araña o cualquier otro insecto asqueroso sobre el fuego, así Dios te sostiene sobre el abismo del infierno. Dios te aborrece y ha sido terriblemente provocado y su ira se enciende sobre ti como fuego. Te ve como digno pero no para otra cosa que para ser echado en el fuego. Él es tan puro de ojos que no puede ni siquiera mirarte. Eres diez mil veces más detestable ante sus ojos que lo que es la serpiente más venenosa y odiada ante los nuestros".[2]

Es una concepción que algunos pastores reformados recalcitrantes han traído de regreso con el argumento de que Dios ni siquiera puede mirarnos porque él está tan disgustado por nuestra naturaleza pecaminosa que incluso, dice uno de ellos, Dios envió el tsunami para lavar algo de esta basura del estanque y retirarla de su vista. La teología de la escoria de estanque efectivamente cambia la pregunta de "¿Cómo podría un Dios amoroso enviar a alguien al infierno?" a "¿Cómo podría un Dios enojado permitir que alguien entre al cielo?".

Mientras que la teología de la escoria del estanque proporciona una respuesta al problema de los no evangelizados que podría ser intelectualmente satisfactoria, luce mucho mejor en el papel que en la vida real, con personas reales que tienen vidas reales y nombres reales. La teología de la escoria del estanque tuvo sentido en mi cabeza, pero nunca en mi corazón. Yo sabía de mi resquebrajamiento, de que era capaz de un gran mal y que era trágicamente propensa al pecado, pero en el fondo, muy en el centro mismo de mi ser, yo sentía que todavía le importaba a Dios. Y necesitaba saber que Zarmina y Ana Frank también le importaban. Necesitaba saber que cada persona detrás de cada

---

2. Jonathan Edwards, "Sinners in the Hands of an Angry God", *Wikisource,the Free Library*, http://en.wikisource.org/wiki/Sinners_in_the_Hands_of_an_Angry_God (consultada en septiembre 2, 2009) (Versión en español en: http://universidadcristianalogos.com/images/stories/Pecadores%20en%20manos%20de%20un%20Dios%20airado%20Jonathan%20Edw.pdf consultado en octubre 23, 2019, nota del traductor).

par de zapatos recuperado en cada campo de concentración le importaban, que Dios no los había olvidado, que los amaba y que sabía cada uno de sus nombres Necesitaba saber que Dios no fabrica gente desechable.

La teología de la escoria del estanque tiene aún menos sentido en el contexto de los Evangelios. Creer que la gente es inherentemente inútil para Dios despoja la encarnación, la crucifixión y la resurrección de todo su significado y poder; hace que Jesús parezca un tonto por morir por nosotros, y deja a sus seguidores con pocos incentivos para buscar y celebrar el bien los unos con los otros.

A fin de cuentas, creer que los condenados fueron creados para el infierno sin ninguna esperanza de salvación exige que yo ignore mis concepciones más instintivas y viscerales de lo que es correcto y lo que es incorrecto, del bien y del mal, de la justicia y el amor. No pude soportar más la idea de que algunas personas están fuera del alcance de la esperanza, que Dios no tiene nunca la intención de amarlos, y que mi compasión por ellos no es más que una debilidad de fe. Lo que Andy consideraba simple sentimentalismo y emoción, para mí era la esencia misma de quién soy. No puedo simplemente cancelar esos instintos. No quiero.

Le envié un correo electrónico a Andy y le dije que no me gustaba esta versión de Dios en la que su ira abruma su misericordia, en la que él tiene menos compasión por las personas que yo.

"No es mi versión de Dios", escribió Andy. "Es la versión que Dios tiene de Dios. Hazle el reclamo a él".

Dan siempre dice que tan pronto como crees que ya tienes a Dios debidamente explicado, puedes apostar a que estás equivocado. Eso fue lo que él me dijo el siguiente domingo por la mañana, mientras yo estaba acurrucada como una pequeña pelota en nuestra cama, llorando por cómo preferiría que Dios solo no existiera antes que tener a un Dios siempre tan enojado, vengativo y cruel.

Se sentó a mi lado y pasó sus dedos por mi cabello. "Bien... ¿has pensado la posibilidad de que tal vez te estés equivocando?", preguntó.

"¿Quieres decir que los caminos de Dios son más altos que los nuestros?".

"Algo así. Lo que quiero decir es que tal vez deberías investigar la posibilidad de que tu problema no sea en realidad con Dios mismo, sino con ciertas creencias sobre él... ya sabes, formas defectuosas de explicarlo. Tal vez has juzgado mal a Dios. Tal vez Dios no es de esa manera, en absoluto".

"Pero la Biblia dice que Dios nos odia y nos enviará a la mayoría de nosotros al infierno", dije, tragándome las lágrimas.

"¿De veras?".

En los primeros renglones de *Travelling Mercies*, la autora Anne Lamott escribe: "Llegué a la fe no porque hubiera pegado algún un salto, sino más bien debido a una serie escalonada de pasos de lo que parecía un lugar seguro a otro. Como nenúfares redondos y verdes, esos lugares me convocaron y luego me sostuvieron mientras crecía. Me prepararon para la siguiente hoja en la que iría a aterrizar, y de esta manera me moví a través del pantano de la duda y el miedo".[3]

Mi regreso a la fe sucedió de la misma manera, y esa conversación con Dan representaba el primer nenúfar en mi propia travesía por el pantano de la duda y el miedo. Al final, la misma pregunta que me asustó e intimidó cuando niña fue la que me proporcionó la salida más clara: "¿Qué tal si soy yo la que está equivocada?". Era una pregunta cargada de incertidumbre, posibilidad y esperanza; una pregunta a la que a menudo habría de volver. Equivocarse acerca de Dios es la condición de la humanidad, para bien o para mal. A veces nos tienta a cuestionar a Dios; a veces nos convoca a darle otra oportunidad. Después de haber pensado

---

3. Anne Lamott, *Traveling Mercies* (New York: Anchor, 2000), 3.

durante tantos años que los cristianos buenos siempre están listos con una respuesta, fue una pregunta lo que finalmente me hizo volver a creer.

Al final, fue la duda lo que salvó mi fe.

CAPÍTULO 10

Juan el Revelador

A veces pienso que Juan el Revelador podría haber sido un viejo loco cuyo proyecto de escritura creativa para el Anexo al Programa de Aprendizaje Patmos accidentalmente llegó a la Biblia. Hay muchas cosas extrañas en el libro del Apocalipsis, cosas sobre dragones y "criaturas llenas de ojos" y putas de Babilonia y batallas al estilo de la Tierra Media. Cosas que a la gente le gusta inventar para vender libros sobre el fin del mundo y lanzar sitios en internet sobre Barack Obama como el Anticristo.

Si bien sospecho que gran parte de la carta de Juan sirvió como una alusión encriptada a la tumultuosa relación de la iglesia con el Imperio Romano durante el reinado de Domiciano, hay una visión apócrifa en la que realmente espero que él haya acertado.

Me la topé una noche, Dan se había ido a dormir y yo me había quedado despierta durante horas, preocupada por lo que les había pasado a los cientos de miles de hombres, mujeres y niños que perecieron en el tsunami el día después de la Navidad. No podía expulsar de mi mente las imágenes perturbadoras de las viudas de bella piel marrón que lloraban en agonía mientras se aferraban a las fotos enmarcadas de sus maridos e hijos; ni el video que mostraba aldea tras aldea asoladas, en ruinas, debido a las inundaciones imparables. ¿Por qué Dios permitía que algo así sucediera en una parte del mundo en donde la gente ha tenido un acceso tan limitado al evangelio? ¿No había prometido que nunca más inundaría la tierra? ¿La población del infierno ahora se había incrementado al incluir a pobres pescadores cuyos barcos se habían hundido, a mujeres embarazadas que no podían correr lo suficientemente rápido como para llegar a un terreno más alto y a ancianos que no podían nadar?

Así que, como hago a menudo cuando necesito leer y no quiero despertar a Dan, tomé mi Biblia de la mesita de noche, tropecé en lo oscuro hacia el baño, encendí la luz y me senté en el inodoro para esperar la iluminación de Dios sobre el texto.

Normalmente, no elegiría el libro de Apocalipsis como material de lectura a las 2:00 a.m., pero durante toda la noche había estado persiguiendo en mi cabeza los pedazos dispersos de una profecía, una que menciona algo sobre tribus, lenguas y naciones, versos que ya conocía pero que no podía recordar, como un poema al que le faltaban sílabas o una canción cuyas palabras había olvidado. Después de recorrer los mensajes de Juan a las iglesias en Éfeso, Esmirna, Pérgamo, Tiatira, Sardis, Filadelfia y Laodicea, encontré finalmente lo que estaba buscando en Apocalipsis 7, donde el autor describe un mundo sin lotería cósmica, un reino en el que no se olvidan los sufrimientos.

Escribe Juan:

> Después de esto miré, y apareció una multitud tomada de todas las naciones, tribus, pueblos y lenguas; era tan grande que nadie podía contarla. Estaban de pie delante del trono y del Cordero, vestidos de túnicas blancas y con ramas de palma en la mano. Gritaban a gran voz: "¡La salvación viene de nuestro Dios, que está sentado en el trono, y del Cordero!". [...] y el que está sentado en el trono les dará refugio. Ya no sufrirán hambre ni sed. No los abatirá el sol ni ningún calor abrasador. Porque el Cordero que está en el trono los pastoreará y los guiará a fuentes de agua viva; y Dios enjugará toda lágrima de sus ojos.
>
> —Apocalipsis 7:9-10, 15-17

El pasaje me recordó algo que Jesús dijo cuando uno de sus seguidores le preguntó: "Señor, ¿son pocos los que van a salvarse?". Tras hacerse consciente de que la mayoría de las personas que lo conocieron en persona solo seguían la multitud y lo rechazarían por radical, Jesús dijo: "Habrá quienes lleguen del oriente y del occidente, del norte y del sur, para sentarse al banquete en el reino de Dios. En efecto, hay últimos que serán primeros, y primeros que serán últimos (Lucas 13:23, 29-30).

Sentada en el baño, mirando las baldosas de color amarillo mostaza alrededor de la ducha, me pregunté qué veía y oía Juan exactamente para estar tan convencido de que el reino de Dios incluye a las personas de cada nación, tribu, pueblo y lenguaje; gente del norte y el sur y del este y el oeste. Me imaginé que debió haber visto mujeres con gloriosos saris rojos, verdes y dorados debajo de sus túnicas blancas. Debió haber visto voluminosos tocados africanos de todas las formas y colores. Debió haber visto las joyas turquesas de los navajos, la rica lana de los peruanos, los chales de oración de los judíos. Debió haber visto caras de todas las tonalidades y ojos de todas las formas. Debió haber visto pecas color naranja y cabello color carbón y complexiones como la luna y el hermoso destello de brillantes dientes blancos contra la piel negra. Debió haber escuchado todo tipo de instrumentos: gaitas y laúdes y dulcémeles y banjos y gongs. Debió haber escuchado los sonidos y las cadencias de todos los idiomas, melodías de todos los orígenes, y ritmos de cada tempo. Debió haber escuchado gritos de adoración a Elohim, Allah y Papá Dios, gritos en farsi y en hindi, en tagalo y en cantonés, en gaélico y en swahili, y en lenguas olvidadas por la historia. Y debió haber visto las lágrimas de toda y cada una de las tristezas: las del hambre y la soledad, las de la enfermedad y la pérdida, las de la injusticia y el miedo, las del tsunami y la sequía, las de la violación y la guerra; tristezas reconocidas y apreciadas; lágrimas que fueron secadas. En un momento ruidoso y colorido, Juan el Revelador debió haber sido testigo de todo lo que nos hace diferentes y todo aquello que nos hace iguales.

De vez en cuando, tenemos la suerte de echarle un vistazo al mundo tal como Dios lo ve, una pequeña revelación que nos da la esperanza para mirar más allá de los límites de nuestro entorno actual, ya sea el del exilio o el del baño. El hecho es que mientras la Biblia ciertamente habla del Dios que castiga a los impíos, no hay un solo pasaje sobre el juicio que pueda competir con el alcance y el tamaño de la descripción que Juan hace de los redimidos. Con esto en mente, vuelvo con frecuencia a la visión de Juan. A veces a diario. Incluso en los días en que no estaba segura de que Dios existiera, cuando no estaba segura de que lo amaba, ni siquiera de que me gustara tanto, yo sabía que esta imagen suya era preciosa para mí. No conozco a nadie, creyente o escéptico, que no anhele el día en que Dios limpie cada lágrima de cada ojo, cuando "ya no habrá muerte, ni llanto, ni lamento ni dolor" (Apocalipsis 21: 4). Incluso el más mínimo indicio de que esto pueda ser cierto puede mantenerte activo por un día más.

Es curioso que, después de veinte años de sofisticada educación cristiana y de formación en apologética, haya puesto mi última mejor esperanza en las divagaciones proféticas de un predicador apocalíptico.

CAPÍTULO 11

Caminos que son más altos

Cuando era niña, nunca me convenció eso de que todos los perros van al cielo, pero estaba absolutamente segura de que las ranas y las mariposas sí llegaban allá. En nuestra iglesia infantil cantábamos una canción sobre cómo las ranas y las mariposas han "nacido de nuevo",[1] así que simplemente asumí que Dios les había otorgado un estatus salvífico especial dentro del reino animal. Me tomó un tiempo darme cuenta de que la canción es una metáfora de las similitudes entre la nueva vida en Cristo y la metamorfosis de los insectos y los anfibios; un asunto francamente sofisticado para una niña promedio de siete años, si es que me lo preguntas.

Sin embargo, antes de armar todo esto, se me ocurrió que si las ranas y las mariposas podían ir al cielo, no veía por qué las tortugas no pudieran ir también. Amanda y yo tenemos recuerdos muy gratos de Herbie, una pequeña tortuga que encontramos un día mientras tomaba el sol en el parque de la casa y que decidimos adoptar como nuestra mascota. Herbie vivía en un acuario en la habitación de Amanda, donde le dábamos de comer hierba y comida para perros hasta que su hábitat comenzó a apestar la casa y mamá insistió en que lo regresáramos a la naturaleza. Ella dijo que podíamos pintar una pequeña X color rosa con esmalte de uñas en su caparazón para poder identificarlo si alguna vez quisiera regresar. Papá dijo que era poco probable que pudiéramos volver a ver a ese pobre muchacho. Él ni siquiera sabía que las tortugas podían correr, hasta que soltó ese día a Herbie de su caja de zapatos. De todos modos, me pareció que si por alguna razón

---

1. Alusión a la canción infantil *Bullfrogs and Butterflies*, por Barry McGuire (nota del traductor).

Herbie no podía llegar al bosque, tenía tanto derecho como una rana a morir e ir al cielo.

La justicia siempre ha sido un gran problema para mí. Supongo que todos los niños tienen la tendencia a declarar "¡Eso no es justo!" cuando se enfrentan a un ligero desaire, pero probablemente yo lo decía más que la mayoría. Yo siempre me aseguraba de que Amanda y yo tuviéramos la misma porción de helado a la hora de la merienda, la misma cantidad de tiempo de lectura con mi padre, y la misma cantidad de premios en las estanterías de nuestra habitación. Esta sensibilidad aguda de igualdad fue, sin duda, influencia recibida de mi madre, quien llegaba a extremos extraordinarios para que Amanda y yo nos sintiéramos amadas por igual. Hasta el día de hoy, ella insiste en asegurarse de que tengamos exactamente la misma cantidad de regalos debajo del árbol de Navidad cada año.

Además, tanto en palabras como en hechos, mi madre nos enseñó a cuidar a los pequeños. Ella nos educó para que pudiéramos darles a todos nuestros compañeros de clase el beneficio de la duda, incluso a los malos que probablemente venían de "hogares conflictivos". Nos animaba a invitar a los nuevos estudiantes de la escuela a nuestras fiestas de cumpleaños y a mandarles a nuestros amigos con varicela tarjetas gigantescas de ánimo hechas de cartulina. Ella hablaba con simpatía de los niños malos, con ternura de los niños en condición de vulnerabilidad, y con calidez sobre los niños pobres. Incluso se enfrentaba a los maestros cuando sentía que estaban molestando a sus estudiantes. Una vez llegó a regañar a mi maestra de historia en una reunión con los padres de familia por haberles dejado a los niños tareas para hacer durante el receso de primavera.

Es por eso que cada vez que mi madre y yo vamos de compras juntas en la ciudad, los niños corren hacia ella y la abrazan y hacen toda una escena. El aula de cuarto grado de mamá es la envidia del sistema educativo de Dayton porque todos saben que ella tiene una manera de hacer que cada niño se sienta como la persona más importante del mundo. Es como si tuviera una especie de sexto sentido que le permite saber todas las cosas que secretamente te gustan de ti para exhibirlas delante de toda la gente y darles toda la importancia. Es maravilloso. Probablemente, esto explica por qué me preocupo tanto por lo que le pasa a la gente como Zarmina cuando muere, y por qué Amanda trabaja para organizaciones sin ánimo de lucro que gastan los centavos que no tienen tratando de arreglar el mundo. Parece que ambas pensamos que todos merecen la oportunidad de ser amados.

En tiempos recientes, muchas personas, gente buena, cristiana, ha tratado de convencerme de que la compasión que heredé de mi madre es una especie de percance espiritual. Que cuando se trata del destino eterno de mis semejantes es mejor aceptar sin reservas la noción de que la mayoría está condenada. "Los caminos de Dios son más altos que nuestros caminos", dicen, encogiéndose de hombros. Pedir que Dios cumpla con los estándares humanos de justicia refleja una preocupación infantil por la equidad que es similar a juzgar el tamaño de la bola de helado de mi hermana o a insistir en que las tortugas tengan los mismos derechos que las ranas y las mariposas.

Desde que tengo memoria, la idea fundamental ha sido que la Biblia habla definitivamente de la eternidad, y que esa noticia no es la mejor para gente como Zarmina. Son los cristianos nacidos de nuevo los que van al cielo. Todos los demás se van al infierno. Fin de la historia. Aquellos de nosotros que carecemos del coraje para aceptar la Palabra de Dios en ese asunto somos tan solo "cristianos Burger King". Queremos el producto "a nuestra manera".

El problema para mí es que ese esquema —en el que la mayoría de la gente ya está condenada desde el principio en virtud de su desventaja geográfica— nunca encajó bien con mi conciencia, y mi conciencia es una gran parte de mi fe. De hecho, C. S. Lewis argumentó que el sentido básico e intuitivo de lo correcto y lo incorrecto escrito en cada corazón humano sirve como evidencia de la existencia misma de Dios. Lewis llamó a ese fenómeno la "ley moral", y lo usó para defender la razonabilidad de la fe. Me parece que ignorar mi conciencia es ignorar la misma voz que canta cuando leo las palabras de Jesús, la que carraspea cuando estoy a punto de hacer algo mal, la que habla contra la crueldad y la opresión, y la que grita con cada amanecer y en cada nevada y en cada acto de amor "¡Oigan, Dios existe!". A los apologetas les gusta decir que seguir a Cristo no debería significar dejar nuestros cerebros en la puerta de la iglesia al entrar. Quizás tampoco debería significar dejar allí nuestros corazones.

Me enfrenté a un ultimátum innecesario: cree en la Biblia o cree en tu conciencia. Afortunadamente, antes de que pudiera hacer mi elección, me encontré con otra cita de C. S. Lewis que cambió todo.

"Sabemos que ninguna persona puede salvarse, excepto a través de Cristo", escribió en *Cristianismo y nada más*. "Lo que no sabemos es que solo aquellos que lo conocen pueden ser salvados por él".[2]

Nunca escuché a nadie llamar a C. S. Lewis un "cristiano Burger King".

Quizás el momento más liberador en mi peregrinaje de la certeza a la fe ocurrió cuando descubrí, como si fuera la primera vez, la diversidad de mi propia tradición religiosa. En el tiempo que me tomó acumular alrededor de diez dólares en multas de la biblioteca, aprendí que por fuera del pequeño reino del evangelicalismo conservador hay todo un mundo de teología ortodoxa, un mundo en el que hay más de una opinión sobre el pluralismo religioso y el destino de los no evangelizados. Desde C. S. Lewis hasta Orígenes, desde Karl Barth hasta Karl Rahner, desde Clark Pinnock hasta Clemente de Alejandría, los teólogos a través de los siglos han luchado y han estado en desacuerdo sobre la amplitud de la misericordia de Dios. La Biblia no es tan concluyente sobre

---

2. C. S. Lewis, *Mere Christianity* (New York: HarperCollins, 2001), 64 (*Cristianismo... ¡y nada más!*, trad. por Julio C. Orozco, Miami: Editorial Caribe, 1977, nota tomada del original, [nota del traductor]).

el tema como me enseñaron. De hecho, cuanto más estudiaba, tanto más crecía en mí la esperanza de que Juan el Revelador no fuera tan descabellado como parecía. Tal vez su profecía incluía a personas de cada tribu, lengua y nación porque Dios realmente ama a las personas de cada tribu, lengua y nación, y porque el resto de la Escritura apoya tal afirmación.

Dios puede determinar cuándo y dónde las personas van a nacer, pero, según Lucas, Dios no deja de dar testimonio entre ellos (Hechos 14:17). Dios crea personas de una manera que "todos lo busquen y aunque sea a tientas lo encuentren. En verdad él no está lejos de ninguno de nosotros" (Hechos 17:26-27). Mientras que la Biblia enseña que las personas son justificadas por la fe, lo hace no para estipular cuánto necesita saber una persona acerca de Dios para ser salva; la Biblia simplemente aclara que el fruto de la fe salvadora son las buenas obras. Pablo escribe que "no son los oyentes de la Ley quienes son justos delante de Dios, sino que los hacedores de la Ley serán justificados". "Las personas que no tienen conocimiento de la Ley pero que cumplen por naturaleza las cosas de la ley" no serán juzgadas sobre la base de cuánto saben, sino sobre la base de cómo responden a su conciencia (Romanos 2:9-16). No somos salvos por la información de la que dispongamos, somos salvos por una relación restaurada con Dios, que podría verse un poco diferente de persona a persona, de cultura a cultura, de época histórica a época histórica.

Esto explica por qué, a lo largo de la Escritura, vemos evidencias de que Dios obró en la vida de las personas que no eran judías ni cristianas. Tomemos, por ejemplo, a Job, Abel, Enoc, Noé, Melquisedec, Abimelec, Jetro, la reina de Saba y los magos. El famoso pasaje de Hebreos 11 incluye en su cuerpo élite "Nube de Testigos" a varios de los llamados santos paganos (Hebreos 12:1), enfatizando que fueron salvados por la fe en un Dios que "recompensa a los que lo buscan" (Hebreos 1:6). Cuando exigimos que todos deben decir las mismas palabras o suscribirse a los mismos credos para experimentar a Dios, subestimamos el alcance y el poder de la actividad de Dios en el mundo.

Desde el primer pacto con Abraham hasta la visión de Juan en Patmos, la salvación siempre se ha descrito en términos de bendición para todo el mundo. No es solo un privilegio exclusivo para un grupo selecto de personas. La "elección", primero de Israel y luego de la iglesia, no es una condición espiritual sino un llamado vocacional, un llamado para servir al resto del mundo, para invitar a otros a que se unan al reino de Dios. Lloré de alegría cuando me encontré con la respuesta emocional del apóstol Pedro a la fe de un gentil llamado Cornelio. Pedro exclamó: "Ahora comprendo que en realidad para Dios no hay favoritismo, sino que en toda nación él ve con agrado a los que temen y actúan con justicia" (Hechos 10:34-35).

No sé exactamente qué significa esto para Zarmina, ni para mí. No sé el grado en que Dios está presente en los muchos sistemas religiosos del mundo. No sé cómo Dios juzgará a los vivos y a los muertos. No sé si el infierno es eterno o si Dios destruirá el mal para siempre. No sé cómo serán el cielo nuevo y la tierra nueva. No sé si soy incluyente, universalista, o particularista (todavía no han creado un test para eso en Facebook). No sé si alguna vez encontraré las respuestas a todas mis preguntas, no importa cuánto tiempo pase en la biblioteca. Todo lo que sé es que si el Dios de la Biblia es verdadero, Él ama su creación y hará lo que sea necesario para restaurarla.

Esto me deja en una posición incómoda cuando se trata de estar siempre lista con una respuesta. Atrás quedaron las categorías blanco/negro de "salvos" y "no salvos", "rumbo al cielo" y "atados al infierno". Atrás quedaron las viejas formas de determinar quién está dentro y quién está fuera. Atrás quedaron la seguridad del absolutismo y la comodidad de la certeza. Se fue la confianza que viene con saber que Jesús no podía estar refiriéndose a mí cuando dijo: "No todos los que me dicen '¡Señor, Señor!' entrarán en el reino de los cielos".

Pero la seguridad de que aún puedo ser cristiana sin creer que Dios odia al mundo y lo condena al infierno me dio la esperanza suficiente para saltar al siguiente nenúnfar en mi camino a través del pantano de la duda.

Eso también hizo que cualquiera fuera la cantidad de dinero que le debiera a la biblioteca valiera totalmente la pena. Así que una noche me fui a la recepción a pagar, con mi bolso pesado de todas las monedas que pude desenterrar de nuestro frasco de ahorros.

"¡Ejem!", carraspeó la bibliotecaria, mirando su computador. "Parece que no debes nada".

"No puede ser cierto", dije. "Estoy muy segura de que aún tengo *Four Views on Hell* porque lo encontré debajo del asiento de mi auto al lado de una bolsa de maní que compré para Navidad".

"Aquí dice que no debes nada", me dijo alegremente. "Tus multas debieron haberse borrado cuando actualizamos el sistema".

Fue como el Año del Jubileo.

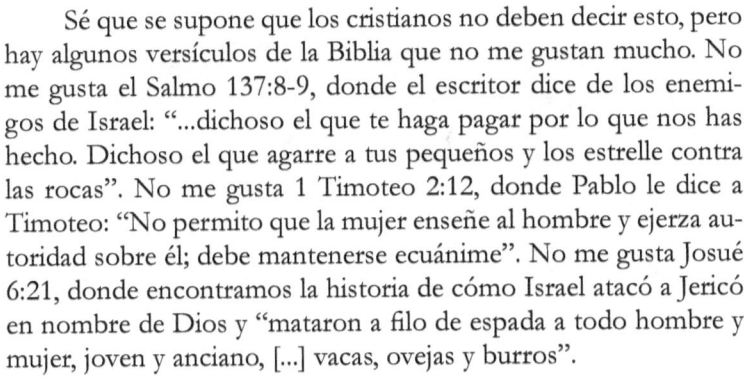

Sé que se supone que los cristianos no deben decir esto, pero hay algunos versículos de la Biblia que no me gustan mucho. No me gusta el Salmo 137:8-9, donde el escritor dice de los enemigos de Israel: "...dichoso el que te haga pagar por lo que nos has hecho. Dichoso el que agarre a tus pequeños y los estrelle contra las rocas". No me gusta 1 Timoteo 2:12, donde Pablo le dice a Timoteo: "No permito que la mujer enseñe al hombre y ejerza autoridad sobre él; debe mantenerse ecuánime". No me gusta Josué 6:21, donde encontramos la historia de cómo Israel atacó a Jericó en nombre de Dios y "mataron a filo de espada a todo hombre y mujer, joven y anciano, [...] vacas, ovejas y burros".

Solía sentir lo mismo por Isaías 55, porque la gente siempre usa la frase "los caminos de Dios son más altos que nuestros caminos" para explicar por qué Dios envía terremotos a Haití, por qué encuentra gloria en la tortura eterna, por qué hace que los fósiles parezcan más viejos de lo que son o por qué quiere que deje de

DESAFÍO

hacer tantas preguntas. Supuse que Isaías 55 hablaba de la terrible ira de Dios contra la humanidad, advirtiendo a aquellos que se atreven a cuestionar sus inescrutables maneras y ordenándoles callarse y ocuparse de sus propios asuntos.

Fue una sorpresa cuando fui a buscar los caminos superiores de Dios y tropecé con esto:

Busquen al Señor mientras se deje encontrar,

llámenlo mientras esté cercano.

Que abandone el malvado su camino,

y el perverso sus pensamientos.

<u>Que se vuelva al Señor nuestro Dios,</u>

<u>que es generoso para perdonar,</u>

<u>y de él recibirá misericordia.</u>

"Porque mis pensamientos no son los de ustedes,

ni sus caminos son los míos" —afirma el Señor—.

"Mis caminos y mis pensamientos

son más altos que los de ustedes,

más altos que los cielos sobre la tierra.

Así como la lluvia y la nieve

descienden del cielo,

y no vuelven allá sin regar antes la tierra

y hacerla fecundar y germinar

para que dé semilla al que siembra

y pan al que come

así es también la palabra que sale de mi boca:

No volverá a mí vacía,

sino que hará lo que yo deseo

y cumplirá mis propósitos.

Ustedes saldrán con alegría

y serán guiados en paz.

A su paso, las montañas y las colinas

prorrumpirán en gritos de júbilo

y aplaudirán todos los árboles del bosque".

—Isaías 55: 6-12, subrayado mío

Donde esperaba encontrar ira, encontré ternura y afecto. Donde esperaba encontrar una conferencia, encontré poesía. Donde esperaba encontrar a Dios apuntando con su dedo, encontré árboles aplaudiendo.

Isaías 55 ofrece un marco completamente diferente para pensar en la justicia de Dios, porque indica que la hemos entendido al revés: el misterio no reside en su ira insondable, sino en su misericordia insondable. Los caminos de Dios son más altos que nuestros caminos porque su capacidad de amar es infinitamente mayor que la nuestra. A pesar de todo lo que hacemos para alejarnos de Dios, todo lo que hacemos para insultar y desobedecer, Él nos perdona abundantemente una y otra vez.

Probablemente es por eso que cada vez que Jesús habló sobre el perdón apeló al carácter de Dios el Padre como nuestro modelo. En el Sermón del Monte, Jesús dijo: "Ustedes [...] amen a sus enemigos, háganles bien y denles prestado sin esperar nada a cambio. Así tendrán una gran recompensa, y serán hijos del Altísimo, porque él es bondadoso con los ingratos y malvados. Sean compasivos así como su Padre es compasivo" (Lucas 6:35-36).

Tenemos nuestra forma de tratar de manera justa con nuestros enemigos, y Dios tiene la suya. La nuestra implica represalias y castigos; la suya implica el perdón. La nuestra implica la igualdad ante la justicia; la suya implica gracia desproporcionada. La nuestra es hacer que alguien pague con sangre; la suya es sangrar. Incluso cuando Jesús pendía colgado en una cruz, cuando Dios había sido insultado al grado sumo, desnudado, humillado, golpeado y magullado, dijo: "Padre, perdónalos porque no saben lo que hacen".

Ese sí es un camino más alto. *Ese* es el tipo de bondad y gracia que mi perspectiva infantil de igualdad nunca puede captar completamente. Los caminos de Dios son más altos que nuestros caminos, no porque él sea menos compasivo de lo que nosotros somos, sino porque él es más compasivo de lo que podemos imaginar. Cuando abandonamos nuestra forma de hacer las cosas a favor de las suyas, experimentamos el tipo de alegría y paz que lleva a las montañas a gritar y a los árboles a aplaudir.

Qué consuelo saber que este Dios amoroso y misericordioso no va a decepcionarse, que su palabra cae sobre la tierra como la lluvia, que la cubre como la nieve y la nutre para una cosecha abundante. Qué consuelo saber que Dios es un poeta.

CAPÍTULO 12

Laxmi la Viuda

En los últimos años, se ha vuelto cada vez más una moda para los estadounidenses ávidos de aventuras viajar a la India en busca del despertar espiritual. La mayoría de nosotros salimos de casa con ideas rudimentarias de las religiones orientales, algunos movimientos de yoga que recién hemos aprendido y la expectativa de conectarnos con algo fabuloso, profundo y digno de una biografía espiritual antes del final del viaje. Volvemos oliendo a curry y jazmín, con hilos de cuentas de sándalo alrededor de nuestros cuellos, henna en nuestras manos y pequeñas amebas nadando en nuestros estómagos.

Cuando abordé un avión rumbo a Hyderabad, India, en el otoño del 2006, me preocupaba más perder mi fe que encontrar una. El hecho de que el pluralismo religioso desencadenara inicialmente mi crisis de fe hizo que un viaje al país religiosamente más diverso en el mundo pareciera más una forma de terapia de choque que unas vacaciones. Pero mi hermana, Amanda, había estado en el centro de la India por tres meses, trabajando con varios ministerios y organizaciones sin ánimo de lucro, y me invitó a que la acompañara por unas semanas mientras hacía la transición a un nuevo trabajo en Bangalore. Ella necesitaba estar acompañada, y yo no pude resistir la oportunidad de agregarle a mi pasaporte un exótico sello. Planeamos un viaje a campo traviesa que nos llevaría de Hyderabad a Delhi, Agra, Haridwar, Rishikesh y de regreso a Delhi.

Cómo es que la gente en la India logra meditar es algo que simplemente está más allá de mi comprensión. Desde los primeros gritos quejumbrosos del llamado a la oración en la mañana, pasando por los silbidos rítmicos y el suspiro de miles de escobas a todo lo largo y ancho de miles de cocinas antes del desayuno, hasta la cacofonía del mugido de las vacas y el cacareo de los gallos al mediodía; los gritos de los vendedores y los regateos de los clientes, las motos que rugen y las bicicletas que hacen sonar sus campanas; y finalmente el ritmo distante de los tambores del festival en las noches, el lugar nunca está en calma. Pasé los primeros días mareada por la sobrecarga sensorial: el *collage* de colores y olores y sonidos de la India me abrumaban. Vomité demasiado.

Pero, a medida que pasaban los días, mi visión comenzó a agudizarse y empecé a absorber los detalles uno a uno: el olor a especias en la piel de mi hermana, la mujer a la que espié cepillándose los dientes en el Ganges, la forma en que la niebla se aferra a las estribaciones del Himalaya justo así como se aferra a las de los Apalaches, la comodidad del arroz blando y pegajoso entre mis dedos, el olor acre de la basura y excremento atrapados en una brisa pasajera, las manos nudosas de un viejo mendigo en una calle llena de gente, la forma en que mis rupias tintinearon cuando cayeron en su taza de lata. En la India todo es una imagen. Yo tomé en mi cámara más de seiscientas.

Pasamos la primera semana en Hyderabad, donde Amanda enseñaba inglés en una pequeña escuela residencial para niños afectados por el VIH y el SIDA. Allí me despertaba cada mañana con el sonido de docenas de pequeños pies golpeteando en el piso justo encima del mío y el sonido de una mujer llamada Laxmi, que hacía *chapatis* en la cocina. Laxmi trabajaba como cuidadora en la escuela y era la ama de llaves de la familia cristiana que dirigía la institución. Ella se levantaba antes del amanecer cada día para preparar el desayuno y lavar la ropa de los niños. Rara vez terminaba sus deberes antes del anochecer. Liviana pero no frágil, Laxmi tenía una sonrisa tímida, con hoyuelos y ojos juguetones. Aunque hablaba poco inglés, me era extrañamente familiar, como alguien que hubiera conocido cuando niña pero que no podía ubicar con precisión. Amanda y yo aprendimos a conversar con ella usando solo movimientos de manos, expresiones faciales y algunas palabras en telugu. En todas mis fotos, Laxmi lleva un sari amarillo brillante con flores de colores alrededor de los bordes y sonríe con timidez, como si quisiera huir de la cámara.

Laxmi nació en una aldea, se casó a los diecisiete años y se mudó a la ciudad, donde trabajó como empleada doméstica en varias viviendas del barrio. Poco después del nacimiento de su tercer hijo, el esposo de Laxmi se enfermó de repente y las pruebas revelaron que sufría las etapas avanzadas del VIH. Esa situación condenó a la mujer y a su familia al ostracismo, lo que los obligó a vivir de solo un ingreso. En poco tiempo, los cinco miembros de la familia empezaron a mostrar signos de desnutrición severa. Laxmi recuerda los susurros que escuchaba cuando se comentaba que ella y su hija Latha, la más joven, ciertamente morirían.

Los cristianos, que también eran de la India, supieron de la situación y le ofrecieron a Laxmi y a sus hijos su ayuda para que se hicieran la prueba de la enfermedad. Lloró cuando supo que tanto ella como Latha eran portadoras del VIH. Su esposo murió unos meses después.

A través de un traductor, Laxmi explicó: "Como viuda, especialmente viuda seropositiva, mi posición en la sociedad cambió. No tenía dinero y temía que mi pequeña hija no pudiera llegar a los cinco años. En un momento, consideré el suicidio. Sabía que no sería difícil darle veneno a Latha y tomar algo yo misma pero, debido a mi preocupación por los otros niños, deseché esa idea".

La familia cristiana proporcionó vivienda para Laxmi y sus hijos y matriculó a los pequeños en la escuela. Pronto, los pacientes de VIH de toda la ciudad y de los pueblos cercanos empezaron a acudir en masa a la casa en busca de ayuda y asesoramiento. Cuando los vecinos se quejaron, la familia celebró una reunión pública educando a la comunidad sobre cómo se transmite el SIDA y cómo prevenirlo.

En India, a los niños afectados por el VIH y el SIDA a menudo se les niega una educación, y las viudas quedan en condición de indigencia. Inspirada por la historia de Laxmi, la familia cristiana abrió un internado y les ofreció a las viudas capacitación laboral y puestos respetables en su ministerio. Cuando estuve allí, veinticinco niños estaban inscritos en la escuela. Ahora hay más de treinta. Los tres hijos de Laxmi están estudiando y, gracias al sistema de patrocinio implementado, la pequeña Latha recibe el cuidado que necesita para mantenerse saludable. Laxmi, que fue criada como hindú, se convirtió al cristianismo. Sacándole tiempo a sus oficios, estudia el alfabeto telugu, tratando desesperadamente de superar el analfabetismo para poder leer la Biblia por sí misma.

Visto desde todos los ángulos, la "lotería cósmica" arruinó el destino de Laxmi y los niños de la escuela. Si alguien tiene derecho a quejarse, son ellos. No fue su culpa que nacieran en un país todavía tan fuertemente influenciado por el sistema de castas. No fue su culpa que sus esposos y padres fueran a los prostíbulos. No fue su culpa sufrir una enfermedad tan estigmatizada e incomprendida al punto de que, a menudo, las propias familias de los portadores los echan a la calle. Sin embargo, las viudas y los huérfanos que conocí en India estaban menos enojados con Dios que yo. De hecho, lo amaban de una manera que yo no podía entender del todo.

Laxmi me dijo: "Cuando recuerdo mi vida antes del VIH y la comparo con cómo estoy ahora, me siento agradecida. De no ser por mi VIH, nunca habría conocido a Jesús. Nunca hubiera encontrado salvación y esperanza".

Para ella, conocer a Jesús tuvo poco que ver con una transferencia de información o con una declaración de fe, pero sí tiene todo que ver con manos extendidas que ofrecen comida y refugio. En la India, el evangelio tiene más sentido entre los "intocables". Muchos cristianos optan por vivir en barrios marginales y entre personas que sufren de lepra para acoger a los seropositivos y a los discapacitados, y así dar generosamente a los pobres. Se someten a la pobreza y se ganan su reputación por asociarse con las castas más bajas. Me recuerdan a Jesús.

Santiago, el hermano de Jesús, dijo una vez que la verdadera religión consiste en cuidar a los huérfanos y a las viudas, así que supongo que no se habría sorprendido de que mi primera experiencia religiosa en India hubiera sucedido en compañía de viudas y huérfanos. Éramos unos treinta los que nos atiborramos en una camioneta de quince pasajeros y que, ventanas abajo, a toda velocidad por las calles de Hyderabad, íbamos camino a una iglesia en la ciudad. Los niños, con edades comprendidas entre los cinco y los quince años, lucían sus mejores galas domingueras y se amontonaban unos encima de los otros. Cantaban lo más fuerte posible y sin inhibición canciones acerca de Jesús en inglés y en telugu. Mis tímpanos retumbaban. Mi estómago tambaleaba con cada giro repentino de la camioneta. Me dolían los pulmones por inhalar el aire contaminado, y en el interior de mi cabeza el calor golpeaba su tambor. Pero no me había sentido tan cerca de Jesús en años. Estaba segura de que él se había metido allí con nosotros en esa *van*, y que cantaba.

India me presentó al reino de los cielos, no como si existiera en algún estado futuro, sino tal como existe aquí y ahora, donde los hambrientos son alimentados tanto con el pan físico como con el espiritual, donde los enfermos se salvan de sus enfermedades y de sus pecados, donde una viuda analfabeta me enseñó más sobre la fe de lo que cualquier teólogo jamás podría, y donde los niños de los tugurios, de los barrios bajos, cantan con Dios. En India aprendí que el evangelio todavía es especial, que Jesús sigue siendo importante y que puede marcar la diferencia en las vidas de las personas.

Supongo que eso se acerca lo suficiente a un despertar espiritual.

CAPÍTULO 13

Cosas de Dios

Kanakaraju, de ocho años, me miró con sus ojos oscuros y una mirada suplicante, y tiró de mi falda. "*Akka, akka*". Había un sentido de urgencia en su voz. *Akka* significa "hermana" en telugu, y los niños en la India lo usan como un término de cariño.

Yo no podía entender lo que Kanakaraju estaba tratando de decir, así que le pedí a Amanda que tradujera. "Te está pidiendo que reces por su madre", dijo Amanda señalando la esquina del aula, donde una mujer esquelética yacía acurrucada en el suelo. Una bufanda roja y dorada desteñida le cubría la cara. Ni siquiera me había dado cuenta de que ella estaba allí.

"Él quiere que reces para que se mejore", dijo. "Kanakaraju, ¿puedes decirle eso a *akka* Rachel en inglés?".

Kanakaraju arrugó la frente en concentración. "*Akka*", dijo, "reza por mi *amma*... mi madre... por favor". Una sonrisa tímida se extendió lentamente por su rostro mientras Amanda lo elogiaba por haber prestado atención en clase.

Amanda me contó que el padre de Kanakaraju había muerto por complicaciones causadas por el VIH, y las cosas no lucían bien para su madre. Su muerte dejaría huérfanos a Kanakaraju y a sus hermanas.

Me arrodillé y envolví mis brazos alrededor del pequeño cuerpo de Kanakaraju. Se sentía frágil, como un pájaro. "Rezaré por tu *amma*, Kanakaraju".

"Gracias, *akka* Rachel".

No había estado orando tan consistentemente como solía hacerlo antes, pero en India cambié mi forma de hacer muchas cosas, así que oré por Kanakaraju y su madre todos los días. Mientras lo hacía, me di cuenta, en comparación, de lo mezquinas e insignificantes que eran mis típicas peticiones de oración. ¿Cómo podría pedirle a Dios que me sanara de un caso leve de malestar estomacal *Made in Delhi* cuando vi a tantos niños vadear ríos llenos de basura, con las costillas asomando por su piel? ¿Cómo podría pedirle que me concediera una habitación de hotel con aire acondicionado cuando la madre de Kanakaraju yacía arrugada como una muñeca olvidada en un piso de concreto?

Después de mi regreso a Estados Unidos, cuando mi pastor le pidió a la congregación que oráramos para recaudar los fondos necesarios para repavimentar el estacionamiento de la iglesia, en privado le pedí a Dios que cuidara primero a la familia de Kanakaraju. No es que pensara que Dios era incapaz de hacer ambas cosas. Supongo que solo pensé que si la oración hacía alguna diferencia, era más importante que Kanakaraju tuviera una madre antes que mi iglesia un nuevo asfalto.

Pero solo unas semanas después de haber salido de la India, recibí un correo electrónico de la familia misionera que decía que la madre de Kanakaraju había sucumbido a su enfermedad. Ellos ya habían planeado hacerse cargo de Kanakaraju y capacitar a sus hermanas mayores en trabajos de costura para que pudieran ganarse la vida. El correo electrónico decía que Kanakaraju estaba luchando por aceptar la muerte de su madre y que lloraba por ella todas las noches.

No mucho tiempo después de haber recibido el mensaje de la India, mi pastor anunció que Dios había provisto los fondos para el estacionamiento.

"¿No es sorprendente cómo Dios bendice a sus hijos?", preguntó.

COSAS DE DIOS

La primera vez que escuché a alguien llamar a algo "cosa de Dios" fue en 2005, el sábado después del huracán Katrina. Una amiga mía se iba a casar en Dayton y esperaba que los familiares provenientes de todo el país vinieran a la boda. En la recepción, hablé con un miembro de la familia que estaba agradecido porque todos habían podido llegar a la ceremonia, a pesar de algunos retrasos largos en los aeropuertos en todo el sur.

"Fue una cosa tan grande de Dios", dijo el joven mientras esperábamos en la fila un pedazo del pastel del novio. "Fue como si Dios hubiera puesto su mano sobre el clima. Es claro que él tiene la intención de bendecir esta unión".

Me había pasado toda la mañana viendo en las noticias imágenes de familias desesperadas atrapadas en sus tejados en espera de rescate. No pude evitar mi enojo por lo que dijo. ¿Dios puso su mano sobre el clima? Si Dios puso su mano sobre el clima, entonces ¿por qué no evitó, en primer lugar, que el huracán llegara? ¿Por qué no evitó que se rompieran los diques? ¿Por qué salió de su comodidad para ayudarle a esta familia a que llegara a tiempo a una boda, pero dejó miles de personas atrapadas en el *Superdome* sin comida ni agua?

Con los años, he escuchado todo tipo de cosas que se describen como "cosas de Dios": becas, oportunidades de trabajo, autos nuevos, cocinas remodeladas. Las invocaciones a las cosas de Dios tienen un efecto similar a las invocaciones a la "voluntad de Dios". Cuando una amiga me dice que es la voluntad de Dios que salga en citas amorosas con cierto chico, o que compre un automóvil nuevo o que vaya a una universidad específica, es difícil objetar o hacer preguntas sin parecer que quiero pelear con el mismísimo Todopoderoso. Del mismo modo, cuando mi amiga ondea como cosas de Dios la baja tasa de interés de la que goza, su tiquete aéreo o sus entradas a un concierto, es casi imposible evitar preguntarle si realmente necesita una casa nueva, o unas vacaciones u otro *Momento Dave Matthews*[1] sin que parezca que está pavoneán-

---

1. Referencia a RMB -Dave Matthews Band- grupo musical estadounidense de *rock folk* (nota del traductor).

dose en el desfile de Dios. Todo buen cristiano sabe que la mejor manera de protegerse de las críticas o de las sugerencias es decir que Dios quiere lo que tú quieres. Es algo que viene haciéndose desde hace siglos, desde las conquistas militares de Constantino hasta los "regalos de amor" que los televangelistas anuncian haber recibido, pasando por las limpiezas étnicas cometidas por Estados Unidos en nombre del Destino Manifiesto.

Dan dice que soy demasiado cínica. Él dice que los cristianos hablan acerca de las cosas de Dios en un esfuerzo por mostrar una gratitud sincera a Dios, para recordarse a sí mismos y recordarles a los demás que las cosas buenas en la vida no se ganan ni se merecen, sino que son regalos. Después de todo, la Biblia dice que "todo regalo bueno y perfecto viene de arriba".

Yo le digo que no estoy convencida de que los barcos, los automóviles y los electrodomésticos relucientes de acero inoxidable califiquen como "regalos buenos y perfectos".

Llegados a ese punto él sugiere, por lo general, que atenúe el tono sarcástico y considere prestarle atención al enorme tronco que sobresale de mi propio ojo antes de que comience a ir tras otros ojos con mis pinzas.

Sé que él tiene razón. Sé que, en el fondo, mi problema no es realmente con los cristianos que celebran sus bendiciones, sino con un Dios que parece bendecir arbitrariamente. Lo que me molesta de Dios es que me recuerda a la lotería cósmica —esa dicotomía aleccionadora entre el mundo de los ricos y el mundo de los pobres, entre los afortunados y los infortunados—, que siempre ha sido un punto de conflicto en mi propio caminar irregular con Dios. Si la bondad de Dios se califica por la cantidad de cosas que da —es lo que pienso cuando empiezo a rezongar—, entonces no es especialmente un Dios bueno. Puede que él sea bueno con esa familia que llegó a la boda a tiempo, pero no con huérfanos como Kanakaraju.

No pude conciliar esa disyuntiva en ese momento, pero en India comencé a sospechar que tal vez el problema no radica en la bondad de Dios sino en cómo la medimos. Laxmi y Kanakaraju y las mujeres y los niños en el ministerio del SIDA oraban por cosas básicas: comida, refugio, salud, paz; y no siempre recibían una respuesta. Sin embargo, lo que vi en sus ojos fue el tipo de alegría y de conexión espiritual que anhelan tener la mayoría de los cristianos que conozco. Ellos hablaban de Jesús como se habla de un amigo o de un amante íntimo, como si acabaran de regresar de una larga caminata a su lado: sus caras todavía enrojecidas por el movimiento, su respiración aún tratando de mantener el ritmo. Los niños, aunque despojados de gran parte de su infancia, no mostraban ningún sentido de que la vida les debiera algo. Las mujeres, aunque sobrecargadas, mostraban una fuerza inagotable.

Tal vez no somos nosotros los afortunados, después de todo.

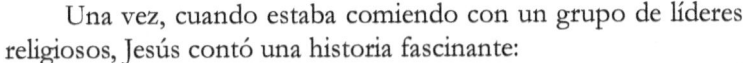

Una vez, cuando estaba comiendo con un grupo de líderes religiosos, Jesús contó una historia fascinante:

> Cierto hombre preparó un gran banquete e invitó a muchas personas. A la hora del banquete mandó a su siervo a decirles a los invitados: "Vengan, porque ya todo está listo". Pero todos, sin excepción, comenzaron a disculparse. El primero dijo: "Acabo de comprar un terreno y tengo que ir a verlo. Te ruego que me disculpes". Otro adujo: "Acabo de comprar cinco yuntas de bueyes, y voy a probarlas. Te ruego que me disculpes". Otro alegó: "Acabo de casarme y por eso no puedo ir". El siervo regresó y le informó de esto a su señor. Entonces el dueño de la casa se enojó y le mandó a su siervo: "Sal deprisa por las plazas y los callejones del pueblo y trae acá a los pobres, los inválidos, los cojos y los ciegos. "Señor —le dijo luego el siervo— hice lo que usted me mandó, pero todavía hay lugar". Entonces el señor le respondió: "Ve por los caminos y las veredas y oblígalos a entrar, para que se llene mi casa. Les digo que ninguno de los invitados

disfrutará mi banquete".

—Lucas 14:16-24

Desde el comienzo de su ministerio, Jesús tuvo una relación especial con los pobres y los oprimidos. Incluso los destacó como recipientes especiales del evangelio, diciendo: "El Espíritu del Señor está sobre mí, por cuanto me ha ungido para anunciar buenas noticias a los pobres. Me ha enviado a proclamar la libertad a los cautivos y dar vista a los ciegos, a poner en libertad a los oprimidos, a pregonar el año del favor del Señor" (Lucas 4:18-19). Es imposible leer los Evangelios sin notar que los enfermos, los oprimidos, los marginados y los que no eran tenidos en cuenta eran siempre los primeros en responder a la invitación de Jesús a unirse a él en la mesa de banquete de un reino nuevo y extraño, al que llamó "el reino de Dios".

Mientras que los reinos terrenales pertenecen a los ricos y poderosos, Jesús habló de un reino que pertenece a los mansos y los apacibles, a los misericordiosos y los pacificadores. Mientras que los reinos terrenales generalmente comienzan con un líder soberano que toma el control, Jesús dijo que su reino comenzaría con lo pequeño, como una semilla de mostaza, y crecería de abajo hacia arriba. Mientras los políticos terrenales se asocian con los ricos y la élite, Jesús se asociaba con los parias. Mientras que los reyes terrenales prefieren la libertad que viene por la vía de la conquista, Jesús habló de libertad a través del perdón.

Quizás lo más desconcertante para aquellos de nosotros que disfrutamos estilos de vida relativamente ricos: Jesús dijo que su reino es más accesible a los pobres que a los ricos. "Le resulta más fácil a un camello pasar por el ojo de una aguja", dijo, "que a un rico entrar en el reino de Dios". Cuando sus discípulos protestaron, preguntando: "Entonces, ¿quién podrá salvarse?", Jesús respondió diciendo que "lo que es imposible para los hombres es posible para Dios" (Lucas 18:25-27) (Por tan solo veintiún dólares puedes mandar a imprimir esta última parte en tu morral de lona).

Parece que en el reino de los cielos la lotería cósmica funciona a la inversa. En el reino de los cielos se invierten todas nuestras nociones sobre los afortunados y los infortunados, los bendecidos y los malditos, los que tienen y los que no tienen. En el reino de los cielos "los últimos serán los primeros, y los primeros serán los últimos" (Mateo 20:16).

En India me di cuenta de que mientras los pobres y los oprimidos ciertamente merecen mi compasión y ayuda, no necesitan mi lástima. Las viudas y los huérfanos y los "intocables" disfrutan de un acceso especial al evangelio que yo no tengo. Ellas y ellos se benefician de inmediato de la buena noticia de que la libertad no se encuentra en la represalia, sino en el perdón; que el poder real, genuino, no le pertenece al fuerte, sino al misericordioso; que la alegría no proviene de la riqueza, sino de la generosidad. El resto de nosotros tenemos que acostumbrarnos a la idea de que no podemos comprar el amor, ni tampoco luchar por la paz, ni encontrar la felicidad en puestos altos. Aquellos de nosotros que nunca hemos sufrido estamos en desventaja, porque Jesús invita a sus seguidores a la comunión en su sufrimiento.

De hecho, lo primero que Jesús hizo en su Sermón del Monte fue meterse con nuestras suposiciones sobre la lotería cósmica. En el relato de Lucas, Jesús dice:

> "Dichosos ustedes los pobres, porque el reino de Dios les pertenece.
> Dichosos ustedes que ahora pasan hambre, porque serán saciados.
> Dichosos ustedes que ahora lloran, porque luego habrán de reír.
> Pero ¡ay de ustedes los que son ricos, porque ya han recibido su consuelo!
> ¡Ay de ustedes los que ahora están saciados, porque sabrán lo que es pasar hambre!
> ¡Ay de ustedes los que ahora ríen, porque sabrán lo que es derramar lágrimas!
>
> —Lucas 6:20-21, 24-25

DESAFÍO

Parece que el reino de Dios se compone de "los más pequeños de estos". Estar presente entre ellos es encontrar lo que los santos celtas llamaban "espacios delgados", lugares o momentos en el tiempo en que el velo que separa el cielo y la tierra, lo espiritual y lo material se vuelve casi transparente. Me gustaría pensar que soy parte de ese reino, aunque mis cosas y mis comodidades a veces engrosan el velo. Amor, gozo, paz, paciencia, benignidad, bondad, fe, mansedumbre y templanza son cosas de Dios, y están disponibles para todos, independiente de nuestro estatus. Todo lo demás es solo extra, y lo extra puede ser una distracción. Lo extra nos adormece y nos engaña, nos lleva a creer que necesitamos más de lo que necesitamos. Lo extra hace que sea más difícil distinguir entre "las cosas de Dios" y las cosas justas.

En otra inversión interesante de la lotería cósmica, Jesús parece darles la ventaja espiritual a los no religiosos por encima de los religiosos. Esta no es una noticia especialmente buena para alguien que ganó el Premio a la Mejor Actitud Cristiana cuatro años consecutivos.

Mientras que los pobres eran los que con mayor fuerza se sentían atraídos hacia Jesús y su mensaje, los religiosos eran los que con mayor fuerza se sentían repelidos. Ellos se beneficiaban demasiado del *statu quo* como para tolerar las enseñanzas radicales de Jesús. Lo probaban con preguntas capciosas y lo criticaban por invertir su tiempo con los pecadores, y finalmente ayudaron a organizar su crucifixión. Los fariseos, en particular, fueron los que chocaron constantemente con Jesús. Cuando él sanó a los enfermos, lo atacaron por hacerlo en el día de descanso. Cuando él comió y bebió con sus amigos, lo llamaron glotón y le preguntaron por qué no ayunaba tan a menudo como ellos lo hacían. Cuando ofreció perdón por los pecados, lo llamaron blasfemo. Cuando enseñaba, cuestionaban sus credenciales. Cuando expulsó demonios, afirmaron que lo hacía con la ayuda de Satanás. Una vez, cuando Jesús sanó a un hombre cojo y le dio instrucciones para que recogiera la camilla a la que había estado confinado durante años, los fariseos, en realidad, castigaron al pobre hombre por llevar ese objeto pesado en el día sábado. No es de extrañar que Jesús repetidamente les dijera a los altamente educados fariseos: "Vayan y aprendan lo que esto significa: 'Lo que pido de ustedes es misericordia y no sacrificios'" (Mateo 9:13).

Lo irónico es que, de todos los judíos del siglo I, los fariseos eran los que mejor sabían qué era lo que había que buscar en el Mesías. Ellos habían estudiado las Escrituras por años buscando pistas sobre su llegada. Pero, tal como Jesús maravilló a Nicodemo, la gente religiosa simplemente no parecía entender lo que estaba pasando. Tenían tanta confianza en sus propias interpretaciones y expectativas que se perdieron por completo el cumplimiento de las Escrituras; tan convencidos estaban de que ya tenían a Dios cabalmente definido, que no lo reconocieron en la carne. Para los fariseos, Jesús simplemente no encajaba en el molde. Su teología era demasiado incómoda, sus amigos demasiado libidinosos, y su amor demasiado incluyente.

Por su parte, Jesús criticó públicamente a los fariseos por hipócritas y por hacer gala de su propia justicia desde sus montículos de superioridad moral. Jesús les advirtió a sus seguidores a fin de que no los imitaran y enfatizó la condición del corazón como más determinante que los actos externos de justicia y que la esterilizada ortodoxia estrecha farisaica. Jesús les dijo a los fariseos que los recaudadores de impuestos y las prostitutas entrarían en el reino de los cielos delante de ellos. Imagina nada más la sorpresa de la gente cuando además dijo que, en su reino, su justicia podría superar a la de los fariseos.

Me temo que, así como la riqueza y el privilegio pueden ser tropiezos que bloquean el camino hacia el evangelio, la experiencia teológica y la piedad también pueden interponerse en el sendero al reino. Como la riqueza, esos artilugios no son cosas inherentemente malas. Sin embargo, son fácilmente idolatradas. Mientras más largas sean nuestras listas de reglas y regulaciones, es más probable que Dios mismo no cumpla más de una. Cuanto más comprometidos estemos con ciertos absolutos teológicos, es más probable que descartemos la obra del Espíritu cuando no se ajusta a nuestras presuposiciones. Cuando nos aferramos a nuestras creencias así como los niños se aferran a sus juguetes favoritos, es difícil para Jesús tomarnos de la mano y llevarnos a algún lugar nuevo.

En una oración sorprendente, Jesús dijo: "Te alabo, Padre, Señor del cielo y la tierra, porque habiendo escondido estas cosas de los sabios e instruidos, se las has revelado a los que son como niños. Sí, Padre, porque esa fue tu buena voluntad" (Mateo 11:25-26).

Cuando soy honesta conmigo misma, tengo que admitir que la gente con la que más me identifico en toda la Escritura es con los fariseos. Como ellos, sé mucho sobre la Biblia y estoy familiarizada con todos los -ismos y las -ologías aceptables de la ortodoxia. Al igual que los fariseos, soy escéptica de los movimientos espirituales que no se ajustan a mis expectativas sobre la acción de Dios en el mundo. Al igual que los fariseos, me gusta tratar de meter al Gran YO SOY en mis posturas políticas, sistemas teológicos y proyectos favoritos. Al igual que los fariseos, soy crítica, anhelo llamar la atención y temo perder mi estatus de buena creyente.

Es natural para la mayoría de los cristianos asumir que, si hubiéramos vivido en Galilea hace dos mil años, hubiéramos abandonado todo lo que poseíamos y hubiéramos seguido a Jesús. Pero no estoy tan segura de que aquellos de nosotros con una educación cristiana supremamente cara y con trasfondos profundamente religiosos nos hubiéramos puesto en la fila. Estoy empezando a sospechar que la mayoría de nosotros nos hubiéramos unido a los fariseos y nos hubiéramos inscrito en el Club de Odio a Jesús.

Jesús bebió vino con los desviados sexuales. Rompió tabúes sociales de marca mayor. Pasó mucho tiempo con gente contagiosa, con gente loca, con gente sin educación, con gente maloliente. Su primo famoso se vestía con pelo de camello y comía langostas y miel. Los que estaban más familiarizados con las Escrituras consideraban heréticos sus puntos de vista, y los de su propia familia cuestionaron su cordura. Jesús introdujo nuevas enseñanzas que no se encontraban en las Escrituras y afirmó que su autoridad venía directamente de Dios. Les pidió a sus discípulos que vendieran todas sus "bendiciones" para que lo siguieran, cuando hacerlo podría excomulgarlos de la fe o incluso llevarlos a ser asesinados. Era demasiado liberal, demasiado radical y demasiado exigente. A decir verdad, no estoy segura de que yo hubiera seguido al tipo, y eso, a veces, realmente me asusta.

Afortunadamente para nosotros, los que encajamos en el molde fariseo, Jesús nos ofrece esperanza en su conversación con Nicodemo. Nicodemo era fariseo y miembro del prestigioso Sanedrín. Tenía muchas preguntas para Jesús y parecía un poco escéptico, pero Jesús le aseguró que si estaba dispuesto a comenzar de nuevo, si estaba dispuesto a dejar pasar algunas cosas y pensar un poco diferente, él también podría experimentar ese nuevo reino. Jesús le dijo: "De veras te aseguro que quien no nazca de nuevo, no puede ver el reino de Dios" (Juan 3:3). (Puedes imprimirlo en una calcomanía para tu auto por solo unos cuantos pesos).

En la India aprendí que entre los hindúes el objetivo de la reencarnación es renacer en circunstancias más nobles. Y fue en la India en donde aprendí que, en el reino de Dios, el objetivo es renacer en las más humildes.

CAPÍTULO 14

Mark el Evangelista

Mark comenzó su conferencia de la misma manera que siempre: chasqueando los dedos lenta y rítmicamente, como el tictac de un reloj.

Chasquido. Chasquido. Chasquido.

No dijo nada. Él solo chasqueaba los dedos.

Chasquido. Chasquido. Chasquido.

Los clics secos y fuertes reverberaban en las paredes de la capilla, donde varios cientos de estudiantes de secundaria esperaban nerviosamente que Mark hablara.

Chasquido. Chasquido. Chasquido.

Finalmente, se detuvo. Examinó la habitación solemnemente y preguntó:

"¿Sí saben que cada segundo mueren siete personas?".

Chasquido. Chasquido. Chasquido.

"Eso significa que veintiún personas acaban de pasar a la eternidad".

Chasquido. Chasquido. Chasquido.

"Para cuando pongan la cabeza en sus almohadas esta noche, seiscientas mil personas habrán salido del planeta Tierra y estarán ante el trono del Dios Todopoderoso".

Chasquido. Chasquido. Chasquido.

"¿Cuántos de ellos irán al infierno?".

Chasquido. Chasquido. Chasquido.

"Más importante, ¿te importa?".

Chasquido.

Ex jugador de baloncesto universitario con una imponente figura de dos metros de estatura, Mark viajaba por el país haciendo preguntas como esas en instituciones educativas cristianas y grupos juveniles de las iglesias. Hablaba con una intensidad cautivadora, marcando cada oración con convicción, como si golpeara con un martillo. Compartía historias sobre su vida como evangelista y describía cómo evangelizaba a gente para él desconocida en parques y eventos deportivos, en aeropuertos y aviones, en centros comerciales y bares, a camareras, vendedores, carteros, peatones. Él enseñaba la técnica del Camino del Maestro (popularizada por Kirk Cameron en TBN), en la que el proselitista se acerca a una persona en un lugar público y le pregunta si la persona obedece todos los Diez Mandamientos. Si la persona admite haber quebrantado tan solo uno de los mandamientos, el evangelista usa esa respuesta como apertura para explicar que el pecado nos separa de Dios y que la única manera de restaurar la relación con él es abrazar a Jesús como salvador. De lo contrario, lo que se obtiene como resultado es un boleto sin regreso al infierno.

"¿Cuántos de ustedes le han compartido el evangelio a alguien en las últimas veinticuatro horas?", preguntó Mark. "Levanten sus manos".

Una atmósfera embarazosa cayó sobre el auditorio cuando una o dos personas (de quienes yo sospechaba que estaban haciéndose pasar por buenos) levantaron la mano.

Sospeché de ellos porque, la primera vez que escuché a Mark, yo misma también fingí un poco. Estaba en la secundaria por ese entonces, y unas semanas antes había compartido mi fe con mi compañera de laboratorio en clase de biología. Pensé que nadie más en mi grupo juvenil alguna vez había hecho algo tan valiente, así que seguí adelante y levanté la mano a pesar de que técnicamente no había sucedido en las últimas veinticuatro horas. La mirada de aprobación de Mark me bañó completamente, solo para sentir una punzada desgarradora de culpa cuando él dirigió su mirada en otra dirección. Acababa de quebrantar uno de los Diez Mandamientos.

Esta vez, como una joven adulta con un asiento en el balcón y un poco menos que demostrar, no levanté la mano.

"Eso no está bien", dijo Mark mientras inspeccionaba la respuesta exigua de los alumnos. "Eso no está bien".

"Déjenme preguntarles algo", dijo. "¿Cuántos de ustedes creen que el infierno es un lugar real?".

Algunas personas en el auditorio murmuraron "amén".

"Si creen que el infierno es un lugar real, entonces la pregunta no es ¿cómo *pueden* compartir su fe?, sino ¿cómo *no podrían* compartirla?". Mark añadió: "Las dos preguntas más importantes que puedes hacerte son estas: uno, ¿sabes a dónde irás cuando mueras?. Y dos, ¿a quién llevarás contigo? Una vez que mueras no hay vuelta atrás. Estás en el cielo o en el infierno, y estarás allí por siempre y para siempre. La pregunta para aquellos de ustedes que han nacido de nuevo es, ¿quién estará allí contigo? Tienes tiquetes adicionales para el cielo en tu bolsillo, y tienes que repartirlos ahora porque no podrás usarlos después de que mueras".

Mark pasó a compartir algunas anécdotas de personas que han tenido experiencias cercanas a la muerte, que involucran fuego y lamentos y ese tipo de cosas. Dio a entender que los cristianos que han nacido de nuevo tienen experiencias cercanas a la muerte que son buenas, pero en el caso de todos los demás son experiencias malas (yo ya había visto suficientes especiales de Barbara Walters como para saber que eso no era cierto). Luego ofreció algunos consejos para testificarles a quienes creen en la teoría de la evolución, de quienes dijo que son personas que "no tienen absolutamente ninguna evidencia que los respalde" (y había visto suficiente Discovery Channel como para saber que eso tampoco es cierto).

"Déjenme preguntarles algo", dijo Mark mientras el reloj se acercaba a las 11:50. "¿Cuántos de ustedes están felices de estar vivos?".

Los estudiantes sintieron que esto era una prueba, por lo que el aplauso fue vacilante.

"Seguro que esto supera la alternativa, ¿no es verdad?".

La sala quedó en silencio otra vez.

"Muchachos, el apóstol Pablo dijo: 'Para mí el vivir es Cristo y el morir es ganancia'". Les tengo noticias: la muerte es mejor que la vida. Si el sueño de ustedes es estar con Jesús, entonces la muerte vence a la vida. El problema es que ustedes también están distraídos con las cosas estúpidas e inútiles de la vida como para preocuparse por la eternidad. Están demasiado distraídos con las asignaturas académicas y el deporte y las fiestas como para ocuparse de dar testimonio de Cristo".

"Cada segundo, mueren siete personas".

Chasquido. Chasquido. Chasquido.

"¿Serás tú el próximo en irte?".

Chasquido. Chasquido. Chasquido.

"¿O será tu vecino?".

Chasquido. Chasquido. Chasquido.

"¿Quién va a defender a Dios hoy?".

Chasquido. Chasquido. Chasquido

"¿Quién lo va a decepcionar?".

Chasquido.

CAPÍTULO 15

Día del Juicio

Cada octubre, a medida que los días se acortan y el color de las hojas iluminan las colinas, las conversaciones en Tennessee oriental giran en torno a dos cosas: fútbol americano y la salvación de las almas. Mientras en las comunidades rurales de toda la región se abren laberintos en los maizales y se organizan festivales de *bluegrass* para atraer a los turistas de la ciudad, las iglesias en Dayton y en los pueblos cercanos preparan sus tribunales anuales del Día del Juicio. En contraste con las casas embrujadas regulares diseñadas para lanzar a adolescentes asustados los unos a los brazos de los otros con trampas, sangre falsa y pasillos con espejos, las casas del Día del Juicio están diseñadas con un propósito superior: asustar a la gente para que sea salva.

Los comités del Día del Juicio pasan meses planeando tales eventos. Los avisos en las afueras de las iglesias llevan la cuenta regresiva: "Diez días para el Juicio: ¿Estás preparado?". A medida que se acercan las diversas noches inaugurales, las congregaciones transforman el interior de sus edificios en *sets* supremamente elaborados que están diseñados para llevar a los visitantes por un recorrido a lo largo del cielo y el infierno. El cielo generalmente se encuentra en el santuario, donde las luces navideñas colgadas en el techo representan las estrellas y las sábanas blancas sobre las bancas representan las nubes. El infierno suele ubicarse en el sótano, sus pasillos oscuros y estrechos conducen a una sala bordeada de llamas hechas con papel rojo y anaranjado.

La peregrinación anual al Día del Juicio local fue una parte tan propia de mi experiencia en la secundaria como las fiestas de inicio del año escolar en el colegio o las de graduación. El domingo antes de Halloween, mis amigos y yo nos uníamos a cientos de nuestros compañeros de clase en una iglesia cercana, donde el drama, aunque ligeramente modificado cada año, se desarrollaba esencialmente en los tres mismos actos.

El primer acto se llevaba a cabo en el santuario, que luego se transformaría en cielo mientras el resto de nosotros estábamos en el infierno. Las luces iban bajando la intensidad y un foco brillaba con más fuerza en una esquina del escenario, donde cuatro actores (generalmente miembros del grupo juvenil) se sentaban en un automóvil sin ventanas o sin puertas para representar la clásica pieza de teatro "de regreso del baile de graduación".

El conductor (el parrandero) informa al grupo de sus intenciones de drogarse y hacer el amor con su novia. Su novia (la cabeza hueca, frívola) se ríe y acepta tan espléndida idea. El tipo en el asiento trasero (el niño bien) se opone diciendo que no puede darse el gusto en sexo y drogas ya que él tiene la intención de ganar su camino al cielo a través de obras de justicia. Su novia (la cristiana nacida de nuevo) apoya a su chico, pero aclara que si aceptan a Jesucristo como Señor y Salvador personal, tendrán vida eterna independientemente de las buenas obras. Infortunadamente, antes de que ella pueda guiar a sus amigos por el Camino de Romanos, escuchamos un fuerte accidente automovilístico, y el foco se apaga de repente. Nos movemos nerviosamente en nuestros asientos, esperando la próxima escena.

El foco se ilumina de nuevo, esta vez sobre cuatro ataúdes (generosamente donados por la funeraria local), alrededor de los cuales están los amigos y familiares de los adolescentes. Ocupan los siguientes minutos discutiendo la fragilidad de la vida y asombrándose de que algo tan terrible hubiera podido suceder en la noche de graduación. La luz se apaga de nuevo y una voz nos invita a bajar al sótano para el segundo acto.

Abandonamos el santuario en silencio y seguimos a un diácono solemne hacia el sótano. La iglesia debe gastar una fortuna en calefacción cada octubre, porque todo el lugar siempre está ardiendo para lograr el efecto. El diácono nos presenta al Ángel de la Muerte (el ortodoncista local) que está vestido con pantalones negros, un cuello de tortuga negro y un sombrero negro. El Ángel de la Muerte nos guía silenciosamente por los pasillos oscuros, donde las luces estroboscópicas hacen que todo se mueva en cámara lenta. Los miembros del grupo juvenil que llevan máscaras de esquí se esconden al acecho detrás de las puertas de las aulas de la escuela dominical para saltar y asustarnos, y gritan "¡Las legiones de Satanás os dan la bienvenida!". En el fondo suena un CD de efectos de sonido de Halloween completo con gritos, música de órgano y una risa maniática.

De alguna manera, todos nos las ingeniamos para apretujarnos en una sala increíblemente cálida que brilla como una lámpara de lava por el efecto de todos esos filtros rojos colocados sobre las luces. En el centro de la sala hay una plataforma elevada, en la que vemos a tres de los cuatro adolescentes del primer acto: el parrandero, la frívola y el niño bien. Esta pobre criatura bienintencionada se sorprende, por supuesto, al encontrarse allí. Ha hecho tantas buenas obras en la vida. Un grupo de demonios los rodea y se burlan de ellos. Uno de los diablos señala con su dedo dramáticamente al fondo de la habitación y dice: "¡Mirad! ¡El Príncipe de las Tinieblas!". Satanás (generalmente el líder juvenil de la iglesia) hace su gran entrada. Vistiendo un traje a rayas, guantes de cuero y una gabardina negra, se desliza hacia la plataforma, empujando demonios y gente del público con un bastón adornado (generosamente donado por un coleccionista local de antigüedades).

"¡Por favor!" grita la frívola mientras Satanás se acerca. "Déjanos salir de aquí!".

"No puedo hacer eso", dice Satanás con voz siniestra. "Ya hiciste tu elección".

Satanás se une a los tres en el escenario.

"Pero, ¿qué hay con todas las obras de justicia que hice en nombre de Dios?", pregunta el niño bien. "¿No cuentan para nada?".

Satanás se ríe histéricamente. "Ese es uno de mis trucos favoritos", le dice mirando a la audiencia cuidadosamente, "convencer a la gente de que son salvos por las buenas obras".

"Entonces, ¿cómo puedo ser salvo?", pregunta el niño bien. "Ya es demasiado tarde", dice Satanás antes de llamar a su legión para que se lleve a esos tres y los tire al lago de fuego (que es una cortina de escenario para títeres en la esquina del salón). Cada adolescente es empujado a las llamas hasta que solo permanecen visibles sus manos que se estiran en desespero hacia el público. Los demonios bailan y celebran su desaparición. Es supremamente dramático.

El Ángel de la Muerte lleva a la muchedumbre nuevamente de regreso a la parte alta hacia el santuario para el tercer acto. La corriente de aire frío proporciona un alivio después del infierno de 30°C con sus luces estroboscópicas y malos efectos de sonido. Zumba en el fondo música cristiana contemporánea mientras que un grupo de voluntarios trajeados de blanco nos organizan hasta que formamos un gran círculo alrededor de la iglesia. Casi todo en el auditorio está cubierto de sábanas blancas: las bancas, la mesa de comunión, la fuente bautismal, incluso el atril. Los pasillos están forrados con papel amarillo para simbolizar las calles de oro, pero se nos queda pegado en la suela de los zapatos, lo que parece estresar a algunos de los ángeles que lo habían pegado laboriosamente antes de que llegáramos. Los candelabros (generosamente donados por la tienda local de suministros para bodas) adornan el escenario, donde vemos de pie, con Jesús, a la cristiana que había nacido de nuevo. Uno sabe, por supuesto, que él es Jesús porque es el que luce el traje más profesional de la noche, una túnica blanca con mangas de campana con una banda carmesí que se ha adherido desde el hombro. También sabes que es Jesús porque es el mismo diácono que interpreta a Jesús todos los años, probablemente en razón de sus impresionantes ojos azules.

Jesús tiene un enorme diccionario ampliado, que es el libro de la vida. Busca el nombre de la cristiana nacida de nuevo y, efectivamente, lo encuentra.

"Bien hecho, mi sierva buena y fiel", Jesús anuncia en voz alta para que todos puedan escuchar. "Bienvenida al reino de los cielos".

Alguien le sube el volumen a la música mientras Jesús se pasea por la calle de oro y nos da palmaditas en la espalda a cada uno de nosotros, diciendo: "Bien hecho, mi buen siervo y fiel", su aliento huele a Tic Tac. En este punto, los guías adultos comienzan a llorar, haciéndonos sentir a todos un poco avergonzados e incómodos. El ambiente comienza a enfriarse, y mis amigos y yo nos empezamos a cansar de estar abriéndoles pequeños agujeros a las calles de oro. Esta parte es la que siempre parece que dura una eternidad, y recuerdo haberme preguntado una vez si realmente yo quisiera pasar la eternidad tiritando y escuchando a Avalon.

Finalmente, el pastor llega para presentar el plan de salvación y hacer un llamado al altar.

"La Biblia dice que Dios quiere salvarte del infierno", nos dice al concluir sus comentarios. "Todo lo que tienes que hacer es creer en Jesús como tu Salvador y puedes ir al cielo. Es así de simple".

Lo usual es que varios cientos de chicos entreguen (o reentreguen, o re-reentreguen) sus vidas a Jesús como resultado de la sentencia dictada en el tribunal ese día. Desafortunadamente, la mayoría de ellos se convierten en lo que mis amigos y yo dimos en llamar "cristianos del Día del Juicio"; nuevos creyentes que pasarán no más que una semana absteniéndose de sexo y alcohol, pero que inevitablemente volverán a sus estilos de vida anteriores sin que haya grandes cambios en sus comportamientos o en sus perspectivas de vida. No puedo decir que los culpo. Después de todo, el pastor había hecho grandes esfuerzos para recordarnos a todos que las buenas obras realmente no cuentan para nada, que elegir vivir como Jesús vivió es algo que podríamos hacer como un crédito extra, pero que a la larga no importa mucho. Vivir como Jesús era importante, pero no tenía poder para salvarnos.

La mayoría de los cristianos que conozco han vivido algún

tipo de experiencia "Día del Juicio". Pudo haber sido una parodia en un campamento o retiro espiritual, un espectáculo de títeres en la escuela bíblica vacacional o un encuentro dramático con alguien como Mark en un servicio de consagración espiritual en algún plantel educativo cristiano o en una esquina de alguna calle. Sin embargo, cuando creces en la iglesia, estos eventos tienden a perder su impacto con el tiempo a medida que la emoción de haber asegurado tu silla en tu vuelo a la eternidad empieza a desaparecer y comienzas a preguntarte qué significa ser cristiano en el día a día. Incluso aquellos de nosotros que intentamos "caminar por la senda" yendo a grupos de discipulado, estableciendo grupos de estudio bíblico y evangelizando nos aburrimos de vez en cuando de nuestro cristianismo. A veces nos parece que todo lo que hacemos es matar el tiempo.

Lo primero que aprendí sobre el cielo fue que no puedes entrar allá en patines. Según la canción que cantamos los niños en la iglesia, tú no vas a pasar por los portales de esplendor haciendo algo loco como eso. Tampoco intentes una limusina, ni un automóvil, ni un bote, porque resulta que la única forma de llegar al cielo es a través de Jesús.

Esto me pareció bastante simple cuando era niña. Jesús era parte de la vida cotidiana. Hablábamos con él en el almuerzo y en la cena y antes de acostarnos, cantábamos canciones sobre él en la iglesia infantil, veíamos películas de dibujos animados sobre él naciendo en el pesebre e imágenes a color de él resucitando de entre los muertos. Nunca se me ocurrió no creer en Jesús. Sería como no creer en Abraham Lincoln o en la gravedad. Tan pronto como tuve la edad suficiente para estar al tanto de la muerte, tuve certeza de la seguridad eterna. Yo sabía que Jesús me había dado un boleto al cielo, y tenía la intención de cobrarlo algún día. De hecho, mi madre solía burlarse de Amanda y de mí cuando cantábamos: "El cielo es un lugar maravilloso, lleno de alegría y gracia", haciéndonos cosquillas cuando reconocíamos nuestros segundos nombres: Amanda *Joy* y Rachel *Grace*. De hecho, el cielo sonaba como un lugar maravilloso, donde, imaginé, pasearía por las calles de oro sin tener que mirar los dos sentidos, donde, me imaginaba, nadie lloraba ni se enfermaba por asuntos de la piel.

Como muchos niños que crecieron en la iglesia, mi salvación no me preocupaba hasta que aprendí del infierno. La primera cosa que supe del infierno fue que era un lugar terrible. La segunda, que mucha gente se iba a sorprender al encontrarse allí. Supe todo eso por accidente un miércoles por la noche cuando tenía unos seis años. Todos los demás niños estaban en AWANA, pero yo me quedé con mis padres en la "Iglesia de los Grandes" porque tenía dolor de estómago. Mamá me dejó descansar la cabeza en su regazo, y escuché a nuestro pastor explicar lo importante que era saber con certeza que confiabas en Jesús para tu salvación porque, de lo contrario, irías a pasar la eternidad separado de Dios en el infierno: un lugar de fuego, tormento y desesperación. Dijo que puesto que todos somos pecadores, merecemos ir al infierno, pero que gracias a la muerte de Jesús en la cruz, podríamos ir al cielo de todos modos. Nosotros solo teníamos que aceptar su muerte como expiación por nuestros pecados.

¡Con que esa era la información de alto secreto que discutían en la Iglesia de los Grandes mientras el resto de nosotros nos empalagábamos felizmente con jugo de manzana y galletas en forma de animales! Yo sabía que era una pecadora, y sabía que Jesús había muerto en la cruz para salvarme de mis pecados, pero no tenía idea de que ser salva de mis pecados significaba ser salva de ese lugar llamado infierno. De repente, ya no parecía suficiente con simplemente pintar a Jesús en un libro para colorear. Necesitaba estar segura de que entendía muy bien ese asunto. Necesitaba estar segura de que mi boleto para entrar el cielo era válido, porque lo último que quería era ir al infierno cuando muriera.

Nosotros íbamos a una iglesia bíblica, así que nunca tuvimos ningún llamado al altar, como los bautistas, pero no creo que yo hubiera pasado adelante de haberse hecho alguno. Me sentía avergonzada, como si acabara de aprender una mala palabra: *infierno*. Lo imaginé como un túnel de oscuridad, largo y caliente, con pisos de linóleo pegajoso donde las personas lloraban constantemente y donde seres extraños y siniestros que fumaban y usaban el nombre del Señor en vano les ofrecían dulces a los niños.

Esperé hasta más tarde esa noche, cuando mis padres entraron a mi cuarto para orar conmigo, para tomar la iniciativa. Les dije que yo no quería ir al infierno y que quería estar segura de que era una cristiana. Me dijeron que no tuviera miedo y hablaron conmigo acerca de Jesús por unos minutos. Le dije a Dios que aceptaba el perdón de Jesús, agregando al final de mi oración: "Y gracias por dejarme ir al cielo", solo para asegurarme de que el trato había quedado en claro, supongo. Ese fue el momento de mi conversión, aunque no me parecía que se hubiera dado un gran cambio. No amaba a Jesús más de lo que ya lo amaba, y de lo que sospeché que él siempre me había amado. Pero me sentí mejor ahora que había puesto los puntos sobre las íes pues se trataba de algo tan importante como la eternidad.

A los diez años de edad ya conocía muy bien el proceso de conversión. Yo sabía que cuando mi maestra de escuela dominical nos pedía a mis compañeros y a mí que inclináramos la cabeza y cerráramos los ojos, las almas estaban a punto de ser ganadas para Jesús. Yo estaba agradecida de haberle pedido a Jesús que entrara en mi corazón en la seguridad de mi propia habitación, porque la mayoría de los otros niños tuvieron que levantar la mano mientras el resto de nosotros fingíamos no mirar. Siempre espiaba entre mis dedos que cubrían mi rostro para ver quién se me uniría en el viaje al cielo. Así descubrí que el Sr. Andrews, mi líder de AWANA, decía: "Dios te bendiga" incluso cuando nadie levantaba la mano.

Algunos de mis amigos no estaban tan seguros como yo, lo que llevó a que se diera una gran cantidad de reconversiones durante el campamento bíblico en el verano. Recuerdo al pobre Sammy Martin. Él entregaba su vida a Jesús todos los años. Sentía tanta pena por él, porque no necesitaba tener miedo de perder su salvación. Una vez que tu nombre quedaba escrito en el Libro de la Vida, Satanás no podía simplemente venir con un borrador gigante y quitarlo. "Una vez salvo, siempre salvo", solíamos decir.

DÍA DEL JUICIO

Pero Sammy era uno de esos niños que vivía en un terror constante de no ser salvo, y por eso cada año hacía su procesión al frente, al altar de la pequeña capilla rústica en el campamento de verano, y volvía a dedicar su vida a Jesús, mientras que el resto de nosotros fingíamos mantener los ojos cerrados.

Los cristianos hemos estado obsesionados con el más allá por siglos. Desde los extraños y abundantes paisajes en los trípticos de Bosch hasta los gloriosos tonos de luz, carne y cielo de Miguel Ángel, los artistas han pasado años tratando de capturar el horror y el esplendor de la otra vida en la imaginación popular. Dante imaginó nueve círculos concéntricos del infierno, donde los condenados son torturados de acuerdo a sus pecados, un "Monte del Purgatorio" que tenía siete terrazas correspondientes a los siete pecados capitales, y nueve esferas celestiales que corresponden al cielo. Hoy en día, los libros que describen experiencias de la muerte cercana que incluyen encuentros de primera mano con luces brillantes y música hermosa, con el fuego del infierno y el olor a azufre, se trepan en la lista de *bestsellers*. La exitosa canción de Mercy Me *I Can Only Imagine*, que celebra la esperanza de la adoración eterna ante el trono de Dios, se convirtió en una de las canciones más solicitadas del año 2003. Mis propias dudas sobre el cristianismo se centraron en sentimientos en conflicto sobre el cielo y el infierno, mientras luchaba por reconciliar la bondad de Dios con su ira.

No siempre ha sido así. De hecho, para los autores de las Escrituras judías, los detalles sobre el más allá eran turbios. Salomón escribió que "los vivos saben que van a morir, pero los muertos no saben nada ni esperan nada, pues su memoria cae en el olvido" (Eclesiastés 9:5). Job solo sabía que después de la muerte "... cesa el afán de los malvados. Allí descansan las víctimas de la opresión" (Job 3:17). Luego se pregunta si acaso "si el hombre muere ya no vuelve a la vida" (Job 14:14). Aunque David afirmó que Dios lo redimiría del poder del *seol*, no tenía ninguna promesa de mansiones, ni de portales de esplendor, ni de un mar de cristal a cambio de su fidelidad. Para los hijos de Israel, la esencia de la religión era experimentar a Dios en plenitud durante esta vida, y no tan solo prepararse para la próxima.

A veces trato de imaginar cómo sería mi vida si hubiera crecido suponiendo que podía experimentar a Dios solo dentro de los parámetros de este mundo actual. Me pregunto si lo buscaría más cercanamente en las cosas simples y cotidianas, si tendría más preguntas y buscaría más respuestas, si una sensación de asombro y *carpe diem* me capturaría, si viviría más deliberadamente y amaría más imprudentemente. A veces me pregunto si es por eso que la Biblia dice que Seth, Matusalén y Jared vivieron por más de ochocientos años. Tal vez ellos solo querían más tiempo con Dios.

Para cuando Jesús anduvo por aquí, la mayoría de los judíos habían abrazado el concepto de la resurrección, y por eso imaginaron una resurrección física del cuerpo, no un alma incorpórea flotante. La mayoría esperaba la resurrección del pueblo de Dios en un reino futuro de justicia y paz. Jesús no hizo mucho como para cambiar esa perspectiva. Sin embargo, su propia resurrección proporcionó un ejemplo poderoso y tangible de la futura resurrección corporal de todos, un fenómeno que el apóstol Pablo describió como "primicias de los que murieron" (1 Cor.15:20). En otras palabras, Jesús preparó el escenario para lo que estaba por venir.

En consecuencia, el enfoque de la iglesia primitiva no fue tanto el estado del alma inmediatamente después de la muerte, sino más bien la preparación para un nuevo reino aquí en la tierra, un reino que Jesús había encarnado y del que había hablado y que les había mostrado cómo crear, un reino al cual el pueblo de Dios algún día resucitaría, un reino en el que el velo entre el mundo físico y el mundo espiritual se evaporaría para hacer de cada espacio un "espacio delgado". Las semillas para este reino ya se estaban sembrando entre los pobres, los pacificadores, los misericordiosos y los mansos, y un día Jesús volvería para llevarlo a buen término.

N. T. Wright, el obispo de Durham de la Iglesia Anglicana, ha escrito extensamente sobre este tema y sus libros han influido poderosamente en mí, permitiéndome repensar mi acercamiento al cielo. En *Sorprendidos por la esperanza*, él escribe: "El reino de Dios en la predicación de Jesús no se refiere al destino *post mortem*, ni a nuestra huida de este mundo hacia otro, sino al gobierno soberano de Dios que viene 'así en la tierra como en el cielo'. [...] El cielo, en la Biblia, no es un destino futuro, sino la otra dimensión oculta de nuestra vida ordinaria, la dimensión de Dios, por así decirlo. Dios hizo el cielo y la tierra; al final él va a rehacerlos y los va a unir para siempre".[1]

Según Wright, los participantes en la iglesia primitiva entendían que el objetivo final no era morir, dejar sus cuerpos atrás, y flotar como fantasmas hacia el cielo para siempre, sino, antes bien, era encarnar, anticipar y trabajar hacia un nuevo reino. ¿Qué le pasa a una persona entre la muerte y la resurrección? Eso seguía siendo un misterio, aunque el apóstol Pablo les aseguró a sus compañeros cristianos que "estar ausente del cuerpo" es "estar presente con el Señor".

N. T. Wright me llevó a preguntarme si quizás yo había perdido el punto. Quizás ser cristiano no se trata de experimentar el reino del cielo algún día, sino de experimentar el reino del cielo todos los días. Tal vez yo podría tener una idea de lo que los santos del Antiguo Testamento pensaban en torno a si valía la pena estar en la tierra.

▽

Solía pensar que ser salva de mis pecados significaba ser salva del infierno. La salvación era algo que empezaba después de la muerte, como un regalo que tenía el rótulo "No abrir hasta la eternidad". "Salvarse" significaba hacer un compromiso intelectual con la deidad de Cristo y la teología de la expiación sustitutiva para evitar la ira del infierno, algo que había sucedido una vez, pero que aplicaba para toda la eternidad: una vez salvo, siempre salvo.

Desde esta perspectiva, Jesús era poco más que un *deus ex*

---

1. N. T. Wright, *Surprised by Hope* (New York: HarperOne, 2008), 18 – 19.

machina teológico, un vehículo a través del cual mi seguridad eterna quedaba garantizada. Como solía decir mi maestra de escuela dominical: "Jesús nació para morir". Todo se resumía a que Jesús operaba como un sacrificio a mi favor. Todo lo que había pasado entre el pesebre y la cruz era interesante, pero no necesario. Nada de eso tenía valor inherente para la salvación. Jesús era como el conductor a quien yo le entrego mi boleto para el cielo pero que me deja sola el resto del viaje.

Creo que es por eso por lo que la gente siempre me pregunta: "Si los que no son cristianos pueden recibir la salvación, entonces, ¿para qué Jesús? ¿Por qué él murió en la cruz, y por qué deberíamos molestarnos en compartir el evangelio?". Asumen que el evangelio es importante solo cuando se trata de salvar a las personas del infierno. Asumen que el propósito de Jesús es simplemente alterar el más allá.

Laxmi es un buen ejemplo de por qué el evangelio importa independiente de la posición que uno pueda tener sobre el pluralismo religioso. Cuando se encontró con Jesucristo a través de la bondad y la compasión de los seguidores de Jesús, no fue solo su destino eterno lo que cambió. Toda su vida se transformó en algo nuevo. Encontró una relación con Dios. Encontró una comunidad. Encontró esperanza y paz. Cuando Laxmi se encontró con Jesús, ella fue salva, no solo de las implicaciones eternas del pecado, sino de las horrendas implicaciones cotidianas del pecado: el sistema de castas, la pobreza, la desesperación, la ira, la victimización, la preocupación y el miedo. Solo porque pienso que Dios será misericordioso cuando él juzgue no quiere decir que no crea que el evangelio no tenga sentido. ¡Creo que el evangelio es lo más importante en el mundo! Debe ser compartido, pase lo que pase.

Jesús llegó a ofrecer algo más que la salvación del infierno. Me di cuenta de eso cuando me encontré con él, el rabino radical, y examiné de nuevo mi vida a la luz de sus enseñanzas. Cuando imaginé cómo sería dar generosamente sin preguntarme qué puedo ganar con eso, renunciar a mis rencores y aprender a desmontar el odio con amor, dejar de juzgar a las otras personas de una vez por todas, cuidar del pobre y buscar a los oprimidos, creer por fin que las cosas materiales no me pueden hacer feliz, renunciar a mi impulso a difundir chismes y a manipular, preocuparme menos por lo que otras personas piensan, negarme a tomar represalias sin importar el costo, ser capaz de perdonar incluso al punto de la muerte, vivir como Jesús vivió y amar como Jesús amó. Una palabra viene a mi mente: *liberación*. Seguir a Jesús significaría liberación de mi amargura, de mi preocupación, de mi propia justicia, de mis prejuicios, de mi egoísmo, de mi materialismo y mis lealtades erróneas. Seguir a Jesús significaría la salvación de mi pecado.

Lo que estoy tratando de decir es que, aunque sigo creyendo en que Jesús murió para salvarnos de nuestros pecados, estoy empezando a pensar que, además, vivió para salvarnos de nuestros pecados. El apóstol Pablo lo expresó con más elocuencia en su carta a la iglesia en Roma cuando dijo: "Porque si, cuando éramos enemigos de Dios, fuimos reconciliados con él por la muerte de su Hijo, ¡con cuanta más razón, habiendo sido reconciliados, seremos salvos por su vida!" (Romanos 5:10).

Si esto empieza a parecer que creo en la salvación basada en obras, es porque, en efecto, eso creo. Si bien no creo ni por un segundo que podemos ganar la gracia de Dios revisando una lista de tareas y marcando su completa ejecución, creo que hay liberación en la obediencia. Cuando vivimos como Jesús, cuando tomamos en serio sus enseñanzas y las aplicamos a la vida, no tenemos que esperar hasta que nos muramos para experimentar la libertad del pecado. Esa libertad la experimentamos todos los días, pues cada paso de fe y cada buena obra afloja las cadenas del pecado que aprisionan nuestros pies. Es una tarea difícil, una en la que fallo la mayor parte del tiempo, pero es algo que he experimentado en pequeños retrocesos y avances a lo largo del camino, suficiente para saber que vale la pena. Jesús promete que su yugo será ligero porque él lleva la mayor parte de la carga.

Nunca sé qué decir cuando un predicador callejero en el estacionamiento de *Shop Rite* me pregunta si soy salva.

"¿Salva de qué?", suelo preguntar.

"De tus pecados", sé que me va a decir.

"Bueno, supongo que tendría que decir que Jesús y yo estamos trabajando en eso".

Siempre llego a la casa con un montón de folletos evangelísticos atiborrados en mi bolso.

CAPÍTULO 16

Adele la Oxímoron

Conocí a Adele por primera vez en mi blog, cuando publicó un comentario muy inteligente bajo el alias Existencial Punk. Seguí un enlace a su sitio donde se describía como "escéptica, una traidora, una viajera... redimida por la gracia y la belleza de Dios". Eso fue suficiente para convencerme de que teníamos algunas cosas en común, así que Adele y yo desarrollamos una amistad en la blogósfera.

Siempre quise un amigo gay. Pero, vergonzosa como es esta confesión, admito que quería el tipo de amigo gay que me diera consejos de moda y que le agregara algo de diversidad a mi grupo de amigos, el tipo de amigo gay que me hiciera lucir como si fuera de vanguardia, de mente abierta; pero no esperaba la gay que realmente desafiaría mi pensamiento o mis estereotipos.

Como colega escritora y amiga, Adele me inspiró a volver a examinar algunas de mis suposiciones. Cuanto más hablábamos, más aprendía cómo es la vida para las personas homosexuales y lesbianas que son seguidoras de Jesús. Cuanto más aprendía, menos sentía que sabía. Cuanto menos sentía que sabía, tanto más escuchaba.

"La gente me dice que soy un oxímoron", me dijo Adele en un correo electrónico. "Me dicen que tengo que elegir entre ser gay y ser cristiana, que no puedo ser los dos".

Ella creció en un hogar moderadamente religioso en Cincinnati, donde fue a una escuela católica privada. Incluso de niña se enamoraba de otras niñas, pero reprimió esos sentimientos para poder encajar. Cuando estaba en su segundo año en la universidad, respondió a un llamado al altar en una iglesia carismática conservadora. Su experiencia de nacer de nuevo la llevó a asistir a una universidad cristiana de posgrado en Virginia Beach, donde se vio involucrada en una relación física intermitente con otra mujer. Los consejeros le dijeron que esa relación tenía que terminar porque violaba las Escrituras.

"Fue entonces cuando decidí tratar de expulsar de mí mi parte gay en oración", dijo. "Me involucré en un ministerio para ex gays con el propósito de curarme de mi homosexualidad y poder alcanzar el ideal: el matrimonio con alguien del sexo opuesto. Asistí a conferencias donde recibí unción con aceite y agua bendita. Compré montañas de libros y cintas. Ayuné y oré. Le rogué a Dios que me sanara, pero no ocurrió ningún milagro. Me sentía un fracaso. Me deprimí mucho e intenté matarme, lo cual me llevó dos veces a un hospital psiquiátrico por más de un mes. No es que realmente quisiera suicidarme. Simplemente yo no quería vivir esa vida horrible. A veces me automutilaba golpeándome porque me llenaba de odio y asco por mí misma. No importaba cuánto lo intentara, no podía cambiar".

Después de luchar con asesoramiento, Adele se mudó a Los Ángeles, donde vivió una doble vida, fingiendo ser heterosexual en su entorno cristiano mientras buscaba secretamente relaciones homosexuales. No fue sino hasta los treinta años, dice Adele, que hizo las paces con Dios y con su sexualidad. Ella narra su experiencia en un sitio llamado *Queermergent*.

"Durante mucho tiempo desprecié a Dios y a la Biblia", me dijo Adele. "La Biblia siempre se usó como una excusa para que yo fuera tratada con odio y repulsión".

Pensé en las pancartas que he visto en las manifestaciones de protesta en la televisión, letreros que dicen cosas como "Vuélvete o quémate - Lucas 13:3", "El SIDA es la cura - Romanos 6: 23" o "Dios odia a los maricones - Génesis 19". Soy consciente de por qué abrir la Biblia podría hacer que alguien como Adele hiciera muecas de dolor.

A veces, cuando quiero ponerme en el lugar de Adele, imagino un universo alternativo en el que los cristianos eligen diferentes piedras bíblicas para lanzar, condenando a las mujeres que no se cubren sus cabezas o a personas con tatuajes. Me imagino a telepredicadores alegando que el 11 de septiembre sucedió como resultado de la ira de Dios sobre los chismosos y los codiciosos, y a las iglesias recaudando fondos para apoyar una enmienda a la Constitución para que sea ilegal el nuevo matrimonio para los divorciados. Imagino gente con carteles que dicen "Dios odia a los glotones", o "Apedreen a los niños desobedientes", o "Los mariscos son una abominación". Cuando se trata de las Escrituras, tendemos a elegir maneras que sean favorables a nuestros propios intereses.

Ahí es cuando me doy cuenta de que si alguien es un oxímoron, soy yo. O tal vez alguien que dice seguir a Jesús.

CAPÍTULO 17

Juegos de esgrima bíblico

Cuando era niña, sabía que cuando creciera podría ser lo que quisiera, excepto pastora. Según mi maestra de escuela dominical, la Biblia decía que solo los niños pueden crecer y llegar a dirigir iglesias. Eso no fue tan decepcionante en ese tiempo, ya que quería ser escritora o vaquera, y la Biblia no tiene nada que decir al respecto. Pero todo el asunto me molestaba un poco porque me hizo sentir que Dios había reservado todos los trabajos espirituales importantes para los chicos, como si él pensara que las chicas eran solamente una segunda mejor opción.

Una vez, cuando vi a una mujer predicadora en la televisión, le pregunté a mi papá si él pensaba que ella iría al infierno. Dijo que no lo creía, así que le pregunté si estaba de acuerdo con mi maestra de escuela dominical que decía que solo los niños podrían llegar a ser pastores. "Bueno, creo que eso es lo que la Biblia enseña", me dijo. "Pero algunas personas no están de acuerdo conmigo en eso". La señora de la televisión llevaba un traje fucsia, medias blancas y tacones negros. Tenía un corte de pelo corto y un acento gutural del sur de Estados Unidos. Por alguna razón, ella me molestó. Sentí que de cierta manera había perturbado mi paradigma.

Rápidamente aprendí que crecer como una mujer de carácter fuerte en la comunidad evangélica conservadora significa nunca entender del todo tu lugar en el mundo. Significa sortear un aluvión de mensajes mixtos de autoridades masculinas y femeninas sobre tu papel apropiado en la sociedad, la iglesia, el hogar, e incluso el dormitorio, cada mensaje subrayado por la afirmación de que es la voluntad de Dios que hagas esto o aquello. No estoy muy segura de cuándo fue que encontré por primera vez el "concepto bíblico de la mujer", pero he pasado la mayor parte de mi vida tratando de descubrir lo que eso significa, en un afán desesperado por ser el tipo de mujer que Dios quiere que sea.

Los laberintos hermenéuticos pueden ser vertiginosos. Las mujeres no pueden ser pastoras, me enseñaron, porque en una carta a Timoteo, el apóstol Pablo dijo que no les permitía a las mujeres enseñar o ejercer autoridad sobre los hombres (1 Timoteo 2:12). Esas instrucciones se aplican a todas las mujeres en todos los tiempos y en todas las culturas. Sin embargo, la advertencia del apóstol solo dos oraciones antes, acerca de que las mujeres no deben trenzar su cabello ni usar ropa cara (1 Timoteo 2:9) ya no se aplica literalmente por cuanto está culturalmente restringida. De hecho, era correcto que yo luciera especialmente bien en la iglesia, pero no tanto; no fuera que hiciera que los hermanos en Cristo tropezaran. Aprendí que mientras Pablo animaba la sumisión mutua en sus cartas a las primeras iglesias, las mujeres son las únicas a las que específicamente se les aplica ese rol y por lo tanto deben replegarse a sus esposos cuando se trata de la toma de decisiones en el hogar. Las iglesias que animaban a las mujeres a seguir los roles tradicionales de género en cumplimiento de 1 Timoteo 2 fueron vistas como "iglesias de sana doctrina bíblica", pero aquellas que requerían que las mujeres se cubrieran la cabeza en cumplimiento de 1 Corintios 11 fueron consideradas "legalistas". Aprendí que debía tratar de modelarme a mí misma a partir de la mujer virtuosa descrita en Proverbios 31, la que se levanta antes del amanecer y trabaja hasta el anochecer manejando la casa (ella también tenía sirvientes, hecho que generalmente no se menciona). Dios prefiere a las mujeres en papeles secundarios, como ayudantes. Mujeres bíblicas como Miriam, Débora, Hulda y Febe —que sirvieron como profetas, maestras, juezas y lideresas— fueron contadas como anomalías y, en gran parte, ignoradas. Nadie hablaba mucho de María por miedo a lucir demasiado católico.

Siempre me desconcertaron las inconsistencias en la interpretación bíblica; me confundían, pues no podía precisar lo que todo eso significaba para mí. Cuando los muchachos no se ofrecían como voluntarios para puestos de liderazgo en mi grupo juvenil, yo asumía esas responsabilidades, con lo que me granjeaba el elogio cálido de los miembros de mi congregación. Una vez, cuando hablé en la iglesia sobre la crisis del SIDA (violando 1 Corintios 14:34, que establece que las mujeres deben permanecer en silencio en las iglesias), recibí solo los cumplidos más amables y el aliento de la congregación. Un amigo una vez me dijo: "Serías una gran predicadora si fueras un chico". Siempre me vi empujando un poco los límites: dirigiendo estudios bíblicos entre mis pares masculinos y femeninos, postulándome a cargos de liderazgo estudiantil en la universidad, escribiendo y hablando sobre temas bíblicos y desarrollando una carrera antes de comenzar una familia. La gente rara vez se quejó. De hecho, mis cualidades de liderazgo eran a menudo afirmadas y celebradas, y por eso estuve profundamente agradecida, aunque un poco perpleja.

Toda la idea de "concepto bíblico de la mujer" realmente comenzó a desenredarse en el campamento de apologética. El objetivo de la conferencia era enseñarles a los adolescentes y jóvenes adultos a adoptar una postura cristiana en cada tema concebible —ciencia, economía, política, los roles de género en la sociedad— basada únicamente en la Biblia. Mi trabajo consistía en guiar a un grupo de chicas de diecisiete años a través del material al final de cada día, respondiendo cualquier pregunta que pudieran tener.

El día que discutimos los roles de género, el orador explicó que la Biblia sirve como autoridad única con respecto a los asuntos de iglesia, Estado y hogar. Por lo tanto, las mujeres deben tomar su guía de las Escrituras, ya que la Palabra de Dios contiene todo lo que necesitamos saber sobre la identidad de género. El feminismo fue denunciado como una abominación y causante de enfermedades sociales como el divorcio, la deuda del consumidor y los hijos rebeldes. A la mención de Hillary Clinton, la sala estalló con gemidos y risitas de los asistentes. El orador dijo que cuando se trata de citas románticas y noviazgo, la Biblia incluye algunas pautas claras. Entre ellas, esperar hasta que estemos financieramente listos para el matrimonio antes de continuar con nuestras relaciones románticas, abstenernos de tener relaciones sexuales antes del matrimonio, salir en pareja solo en presencia de amigos y familiares para evitar situaciones tentadoras, delegar en los padres las decisiones referentes a las citas románticas y honrar los roles de género ordenados por Dios en preparación para la vida matrimonial. Para los hombres, eso significa asumir el papel de líder en la relación. Para las mujeres, dar un paso atrás para permitir que los hombres asuman el liderazgo.

Es comprensible que algunas de las adolescentes de mi grupo estuvieran desconcertadas por tal esquema. Más tarde esa noche, una de las chicas nerviosamente confesó que había invitado a un niño al baile de graduación, por lo tanto, inadvertidamente, había usurpado en su relación su papel de líder ordenado por Dios. Otra, una chica bonita, pelirroja de cabello suave y de comportamiento amigable, enterró su cabeza en las manos, avergonzada de haber besado a un chico. Sus respuestas expresaban todo lo que yo sentía como una mujer joven que trataba de encontrar su camino en la cultura religiosa conservadora: vergüenza, confusión, la sensación de que mi sexualidad y ambición eran un obstáculo en mi relación con los hombres y con Dios.

Por ese entonces yo no supe qué decirles, pero si pudiera de alguna manera volver, sé lo que les diría. Les diría que no se avergüencen, que Dios las ama tal como ellas son y que no está enojado con ellas por querer tomar el mundo como mujeres poderosas. Les diría que afirmar que hay una perspectiva bíblica de las citas amorosas es un poco exagerado, ya que las personas en la Biblia no entablaban noviazgos ni tenían citas. Les diría que usar las Escrituras como modelo para las relaciones matrimoniales requiere cierta selectividad, ya que en los tiempos bíblicos las mujeres eran generalmente vendidas por sus padres a los mejores postores, los hombres eran libres de tomar tantas esposas como quisieran, y las mujeres que habían sido violadas podían ser obligadas a casarse con sus violadores. Les diría que la idea de una sola cosmovisión bíblica integral con la que todos los cristianos están de acuerdo es un mito y que está bien cuestionar las interpretaciones personales. Les diría que eso no disminuye la belleza y el poder de la Biblia, sino que la mejora y les da a los cristianos algo de qué hablar. Y les diría que la mujer, como la Biblia, es demasiado encantadora, misteriosa y trascendente como para pretender sistematizarla o explicarla.

Uno de los recuerdos más vívidos de mi infancia es estar sentada sobre mis manos en una silla plegable de metal, las hebillas de mis zapatos blancos Mary Janes tintineando frenéticamente contra las patas de la silla. Con mis compañeros de clase, estoy a la espera de que la señorita Linda dé la orden. Mi Biblia descansa en mi regazo, cerrada, pero se siente viva, con tensión, como si pudiera saltar en cualquier momento. La sala está en silencio y quieta, a pesar de estar llena con casi una docena de niños de doce años a quienes se les acaba de servir una generosa cantidad de jugo de manzana.

La señorita Linda se aclara la garganta.

"¡Romanos 3:23!", grita, finalmente.

Primero viene el sonido de pequeñas manos contra la carátula en cuero de los libros, luego el susurro del papel, luego los murmullos de pánico de "3:23, 3:23, 3:23", luego gemidos impacientes mientras algunos de nosotros nos perdemos corriendo hacia atrás a través de las epístolas. Después de unos veinte segundos, alguien salta de su silla y grita triunfante "¡Porque todos pecaron y están destituidos de la gloria de Dios!" como si hubiera acabado de descubrir una cura para el cáncer o algo así.

Después de unos aplausos poco entusiastas y algunos suspiros, algunas felicitaciones de la señorita Linda y algunas quejas acerca de cómo tal y tal arrancó la Biblia de las manos de tal y tal, la sala se queda en silencio de nuevo para que el proceso pueda comenzar de nuevo.

"Mantengan sus manos por fuera de sus Biblias hasta que yo dé el versículo", la señorita Linda nos recuerda antes de gritar: "¡Primera Timoteo 3:16!".

DESAFÍO

Los ejercicios de esgrima bíblico fueron mi inducción al mundo de la competencia de hallazgos de versículos bíblicos. Llamado así por el pasaje en Efesios 6 en el cual el apóstol Pablo instruye a sus lectores a ponerse la armadura completa de Dios, los juegos de esgrima bíblico fueron diseñados para que los jóvenes soldados se familiarizaran con el diseño básico de la Biblia, que es descrito por el apóstol como la "espada de la verdad". Llegué a ser bastante hábil a lo largo de los años. Esos juegos, una actividad fundamental en las escuelas bíblicas vacacionales y en AWANA, me prepararon para años de estudio personal y lecturas comunitarias. A veces, cuando estoy sentada en la iglesia y el pastor le pide a la congregación que busque cierto pasaje, miro a la gente a mi alrededor y luego corro con el fin de ganarles. Me gusta ganar pequeños juegos sin sentido como ese.

Desde que tengo memoria, la Biblia ha sido comparada con un arma, y desde que recuerdo, ha sido usada como una. Muchos de nosotros que participamos en juegos de esgrima bíblico cuando niños, nunca salimos de ahí. Tan solo aprendimos a aplicar la técnica general a circunstancias más adultas, como los debates teológicos, las posturas políticas o las confrontaciones con otros cristianos. Sin embargo, en lugar de usar toda la Biblia como espada, tendemos a elegir ciertos versos y a usarlos como dagas con las que podemos luchar cuerpo a cuerpo. Nos lanzamos unos a otros puñaladas cortas y frenéticas: un Juan 10 para el soldado de la expiación limitada; un 1 Juan 2 para el soldado de la expiación ilimitada; un Isaías 66 en nombre de la ira de Dios; un Isaías 55 en nombre de su misericordia. Estas batallas generalmente nos dejan ensangrentados, nos desordenan y nos enojan, pero rara vez nos hieren de muerte o nos cambian dramáticamente. Ocasionalmente, las fuerzas opuestas se unen para luchar contra objetivos más fáciles, disparándoles flechas de Mateo 5 a los divorciados y lanzando bombas de Levítico 18 sobre gays y lesbianas.

Solo en las batallas por la inerrancia bíblica salen a la superficie las armas de destrucción masiva. La mejor manera de silenciar a un oponente en la guerra bíblica es cuestionar su lealtad a una Biblia sin errores. Esto generalmente me pasa después de que digo algo como: "Quizás Génesis 1 no está destinado a ser una explicación científica de cómo comenzó el mundo", "Yo creo que las instrucciones de Pablo para la iglesia corintia están culturalmente situadas", o "No me gusta ese versículo y no estoy segura de qué hacer con él".

"¿Estás diciendo que no crees que el texto sea inerrante?", alguien va a preguntar, inevitablemente.

"No. Estoy diciendo que no creo que tu interpretación sea inerrante", respondo a la defensiva.

"Oh, ¿entonces crees que tu interpretación es sin error?".

"Bueno no... Supongo que podría estar equivocada".

"Entonces, ¿de quién es la interpretación inerrante?".

El denso silencio entre nosotros es suficiente para hacernos caer en cuenta de que acabamos de encontrar algo importante, algo que potencialmente podría cambiarlo todo, algo que podría resultar en la desaparición o en el renacimiento del cristianismo, algo infinitamente más aterrador, intrigante y más revolucionador de la vida que todo lo que hayamos encontrado antes, y aun así, es algo que está completamente fuera de lugar.

Hay un intercambio de miradas turbulentas, un silencio inquietante sobre el campo de batalla, y luego se reanuda la lucha.

▼

La Biblia es, de lejos, la obra literaria más fascinante, hermosa, desafiante y frustrante que he encontrado. Cuando lucho con preguntas sobre mi fe, me sirve tanto de consuelo como de provocación, tanto de ancla como de tormenta. Un día inspira confianza, al día siguiente duda. A cada pregunta respondida, surge una nueva. A cada solución que creo haber encontrado, un nuevo problema se levanta. La Biblia ha sido, y probablemente siempre será, una fuerza magnética implacable que tanto me aleja de mi fe como continuamente me llama a casa. Nada me vuelve más loca ni me da más esperanza que la colección ecléctica de sesenta y seis libros que comienza con Génesis y termina con Apocalipsis. Es difícil leer una palabra sin que sea cambiada.

El apóstol Pablo escribió que las Escrituras son "inspiradas por Dios" y, sin embargo, es claro que la Biblia tiene huellas humanas por todas partes. La Biblia es la perfección atascada en un lenguaje imperfecto, el otro mundo expresado en formas mundanas, la santidad escrita por manos impías, leída por ojos impíos, y procesada por sesos impíos. Llena de poesía e historia, leyes y cartas, historias y genealogías, la Biblia se conoce comúnmente como "la Palabra de Dios", una descripción que suena tan definitiva y singular que es casi engañosa. En verdad, la Biblia representa una cacofonía de voces. Es un texto lleno de conflicto y contraste, rebosante de paradojas, unido todo junto por una tensión creativa.

Para una escéptica como yo, la Biblia a veces es útil y otras veces, molesta. Por un lado, amo lo que Jesús dijo sobre el perdón y el amor al enemigo. Por otro lado, me horrorizan los actos de genocidio cometidos por Josué en el Antiguo Testamento, actos aparentemente condonados, incluso ordenados por Dios. Mientras me maravilla el abrazo de Cristo a los pobres y a los que sufren y su poco ortodoxo aprecio por las mujeres en una cultura patriarcal, lucho con aceptar lo que puede describirse como elementos misóginos en las historias y las leyes bíblicas: cómo se suponía que las mujeres eran las responsables de la infertilidad, cómo dijo Pablo que las mujeres son más fácilmente engañadas que los hombres, cómo nadie se opuso a la poligamia ni al secuestro de vírgenes como botín de guerra. Me desconcierta que el mismo Dios que echó a los leprosos de Israel fue el que envió a su Hijo a ministrar entre ellos. El mismo Dios que ordenó la muerte de todo hombre, mujer y niño en Canaán les da la bienvenida a niños pequeños en sus brazos. Me pregunto por qué Jesús, en una jugada radical, eligió a las mujeres para que fueran las primeras *testigas* de su resurrección, solo para que Pablo las omitiera de su relato por miedo a que fueran poco confiables. En la Biblia hay pasajes que hablan de la ira sin igual de Dios y pasajes que hablan de su insondable misericordia; versículos que describen su amor como universal y versículos que describen su amor como territorial; historias en las que es aclamado como intransigente e historias en las que cambia de opinión. Toda mi vida se me enseñó que la Biblia es el pegamento que sostiene junto al cristianismo, así que cada vez que encuentro partes que no tienen sentido empiezo a preocuparme de que mi fe pueda desmoronarse.

Cuando estoy entre hermanos en la fe, mis preguntas son generalmente recibidas con una confianza desdeñosa: "Eso era parte del viejo pacto, por supuesto", "Esto está claramente destinado a ser interpretado poéticamente", "Eso es solo del Antiguo Testamento" o "Jesús obviamente estaba hablando hiperbólicamente". Ocasionalmente, alguien viene y dice: "¿Cuál es el problema? ¿Por qué no puedes superarlo?" o "Shhhh... el comienzo de la película". Si he aprendido algo acerca de cómo es mirar el cristianismo desde afuera, es lo horrible que se siente cuando tus preguntas no se toman en serio. A veces solo quiero escuchar que alguien diga: "¿Sabes? Yo tampoco sé qué hacer con eso".

Casi sin excepción, se me envía a la enorme *Enciclopedia de dificultades bíblicas*, de Gleason Archer. Un pesado volumen que busca darle al lector explicaciones fundamentadas para todos los posibles rompecabezas encontrados en la Biblia, desde si Dios aprobó la mentira de Rahab, hasta dónde Caín consiguió su esposa (nota para apologetas bien intencionados: no siempre es la mejor idea presentarle a un escéptico un libro de quinientas páginas que enumeran cientos de aparentes contradicciones en las Escrituras, cuando el escéptico ni siquiera sabía que la mitad de ellas existía antes de que lo recomendaras).

A pesar de todas las explicaciones y racionalizaciones elaboradas, todas las justificaciones teológicas y los tratados hermenéuticos, la mayoría de los cristianos se ofenden por la acusación de que su método es "escoger y elegir" textos de la Escritura. Téngase en cuenta que este es un problema con el que me puedo relacionar desde ambas perspectivas, la de una creyente y la de una escéptica. Para el escéptico, es un completo disparate: "Por supuesto que tú escoges y eliges; tú estás de acuerdo con la gente que come mariscos, pero no con que las mujeres enseñen en la iglesia". Pero para muchos creyentes, es perfectamente razonable: "Sí, pero tengo buenas razones para interpretar la Biblia de manera diferente en circunstancias diferentes; hay un método para mi locura, y se llama hermenéutica".

El escéptico puede señalar, con razón, que es muy conveniente que se tome literalmente un pasaje que condena los actos de otras personas, mientras que se ignora un pasaje que condena las acciones de uno.

Creo que la verdad se encuentra en algún punto intermedio. Sé, en verdad, que muchos de mis amigos cristianos tienen razones bien articuladas para interpretar la Biblia como lo hacen, y que la frase "escoger y elegir" suena demasiado arbitraria para describir la atención y la preocupación con la que se acercan al texto. No me gusta cuando la gente me acusa de que yo "escojo y elijo", especialmente cuando siento que he pasado mucho tiempo estudiando y contemplando un problema. Por otro lado, también estoy convencida de que nuestras interpretaciones de la Biblia están lejos de ser inerrantes. La Biblia no existe en el vacío, sino que siempre debe ser interpretada por un lector predispuesto. Nuestras interpretaciones están influenciadas por nuestra cultura, por nuestra comunidad, por nuestras presuposiciones, por nuestra experiencia, por nuestro lenguaje, por nuestra educación, por nuestras emociones, por nuestro intelecto, por nuestros deseos y por nuestros prejuicios. Mi cosmovisión afecta cómo leo la Biblia tanto como la Biblia afecta mi visión del mundo. De hecho, yo diría que mi interpretación de la Biblia (o cómo yo "escojo y elijo") dice tanto sobre mí como sobre Dios.

Esto es lo que quiero decir; existe un misterioso pasaje en los Evangelios en el que Jesús dice: "No den lo sagrado a los perros, no sea que se vuelvan contra ustedes y los despedacen; ni echen sus perlas a los cerdos, no sea que las pisoteen" (Mateo 7:6). Cuando fui reformada, asumí que esto se refería a los no elegidos. Cuando fui arminiana, supuse que se refería a los impenitentes. Cuando votaba por el partido republicano, pensaba que podría referirse a las madres que dependían del sistema de bienestar social, a la gente que vive del sistema y por eso no trabaja. Cuando voté por el partido demócrata, pensé que podría referirse a los poderosos y la élite. Cuando fui fundamentalista, estaba convencida de que se refería a los cristianos liberales. Cuando fui defensora de la justicia social, estaba convencida de que se refería a los conservadores. Por el momento, me inclino a pensar que el pasaje se refiere a los críticos literarios. Puedes conocer mucho a alguien en función de a quién teme que podría despedazarlo.

Es por eso que me he vuelto cada vez más escéptica de que haya tal cosa como una cosmovisión bíblica. Cuando nos referimos al "enfoque bíblico de la economía", "la respuesta bíblica a la política" o el "concepto bíblico de la mujer", estamos usando la Biblia como un arma disfrazada de adjetivo. Sin darnos cuenta, estamos diciendo que abrazar la Biblia como verdad requiere abrazar una interpretación de ella. Esto da como resultado falsos fundamentos, lo que resulta en una incapacidad para cambiar; lo que, a su vez, resulta en una falla para adaptarse y evolucionar. Imagina nada más si el geocentricismo fuera todavía "la visión bíblica de la cosmología".

En su libro *Velvet Elvis*, el pastor Rob Bell escribe: "En el mundo de Jesús se suponía que, para aprender, tenías tanto la discusión del texto como el texto mismo. Una persona nunca podría llegar demasiado lejos en una interpretación retorcida porque los otros estaban allí dándole una visión y perspectiva que ella no tenía por sí sola. Jesús dijo, cuando estaba hablando de atar y desatar, que 'donde dos o tres se reúnen en mi nombre, allí estoy con ellos'".[1]

A veces me pregunto quién tuvo realmente el sustento bíblico más sólido en los años 1800, si los cristianos que usaban Efesios 6 para apoyar la institución de la esclavitud, o los cristianos que usaban Gálatas 3 para apoyar la abolición. Ambas partes tenían versos perfectamente legítimos para respaldar sus posicio-

---

1. Rob Bell, *Velvet Elvis: Repainting the Christian Faith* (Grand Rapids: Zondervan, 2005), 43.

nes pero, en retrospectiva, solo un lado parece incluso remotamente justificable a nivel moral. En la superficie, la Biblia parece condonar la esclavitud. Pero, de alguna manera, como iglesia nos las arreglamos para sortear esos pasajes debido a un sentido compartido de lo correcto y lo incorrecto, algún tipo de acuerdo comunitario. Quizás Dios nos dejó con toda esta discontinuidad y todo este conflicto dentro de las Escrituras para que tengamos que escoger y elegir las razones correctas. Tal vez Dios dejó que David hablara acerca de asesinar a sus enemigos y que Jesús hablara sobre amar a los enemigos porque no quería explicárnoslo. Él quería que nosotros tomáramos juntos las decisiones correctas a medida que avanzábamos. Tal vez Dios quiere que tengamos estas discusiones porque la fe no se trata solo de tener razón; se trata de ser parte de una comunidad.

Desde que tengo memoria, la respuesta cristiana a los conflictos dentro de la Escritura ha sido tratar de explicarlos de manera concluyente, de alisar los puntos ásperos y planchar los pliegues. El objetivo es que todos estén en la misma sintonía, llegar a una cosmovisión bíblica consistente, coherente e integral para que podamos proclamar con confianza que Dios realmente tiene una opinión sobre todo, incluyendo política, economía, teología, ciencia y sexo. Creemos que si podemos tener un libro perfecto, uno al que no se le noten las costuras, que pueda leerse objetivamente y sin sesgos, tendremos el arma definitiva. No habrá necesidad de un Dios que permanezca oculto allá arriba en el Monte Sinaí, y no habrá necesidad de tenernos los unos a los otros. En cambio, tendremos una representación física de Dios en la cual podamos habitar, ídolos personales hechos de papel y tinta.

Por mucho que luche con las cosas que no me gustan de la Biblia —sus aparentes contradicciones, sus interpretaciones rivales, sus pasajes problemáticos—, estoy empezando a pensar que Dios permite que esas tensiones existan por una razón. Quizás nuestro amor por la Biblia no debe medirse por la valentía con la que luchamos para convencer a otros de nuestras interpretaciones, sino por la diligencia con la que trabajemos para preservar una diversidad de opiniones.

JUEGOS DE ESGRIMA BÍBLICOS

He tenido la misma Biblia desde la secundaria. Mi apellido de soltera está grabado en la tapa con letras doradas escritas en una cursiva supremamente elaborada que lucen pequeñas y tímidas contra la cubierta de cuero negro. Las esquinas están dobladas, el lomo deshilachado, y muchas de sus páginas están arrugadas tan severamente que las palabras se ven distorsionadas y juntas, como si las vieras a través de un vaso con aristas. No me animo a conseguirme una nueva. Me he familiarizado tanto con todas sus irregularidades y marcas que tengo problemas para orientarme en otras Biblias. Me sirve como diario, de algún modo; un diario de viaje espiritual contado en líneas subrayadas descuidadas y en notas apenas legibles que garabateé apresuradamente en los márgenes con marcadores en la escuela secundaria, tinta en la universidad y lápiz más recientemente.

Al principio, me avergonzaba tener mi nombre en la tapa. Parecía presuntuoso, como si me estuviera dando crédito por alguna cosa. Pero ahora me alegro de que esté allí. Significa que nunca puedo abrir mi Biblia sin darme cuenta de mi propia presencia al lado. Eso me recuerda que siempre estoy allí, que no puedo leer una palabra de este glorioso libro inspirado por Dios sin traerme a mí misma con equipaje y todo. Todo lo que pienso cuando pienso en mi nombre —mis recuerdos, mis secretos, mi cultura, mi educación, mis opiniones, mis relaciones, mi sexualidad, mis prejuicios, mis preferencias, mis más sinceras esperanzas y mis miedos más profundos— perfila, infunde y da vida a todo lo que leo. Mi interpretación puede ser tan inerrante como yo, y es bueno mantener eso en mente.

PARTE 3

CAMBIO

CAPÍTULO 18

Sam la Feminista

Como yo, Sam hacía preguntas para ganarse la vida, solo que ella era mucho mejor en eso.

Trabajábamos juntas en la sala de redacción, compartíamos pistas que condujeran a una noticia, discutíamos sobre política, nos animábamos la una a la otra cuando las fechas límite se nos venían encima, y nos quejábamos de la miseria que nos pagaban por un trabajo de esclavos. Con sus veinte años de experiencia, Sam me ayudó a navegar por el mundo interno de la política local y me enseñó de qué manera gentil, pero persistente, podía trabajar una historia con una fuente renuente. Ella fumaba durante toda la pausa del almuerzo, iba de vez en cuando a la sala del editor y usaba un apodo en las publicaciones porque, decía, los lectores la tomaban más en serio cuando pensaban que era un hombre. Mientras yo tendía a estropear la pista que seguía, Sam siempre acertaba con su olfato para la noticia.

Había dado mis primeros gateos periodísticos en un periódico de la ciudad de Chattanooga, en donde observé que tan pronto como se supo que yo me había graduado de una universidad cristiana conservadora, mis compañeros de trabajo dejaron de maldecir a mi alrededor. Y dejaron de invitarme a almorzar. Pero conocí a Sam en el periódico de Dayton, donde, con su rótulo autoadherido de "Comunista Prelavada", ella era la extraña entre sus colegas conservadores. A pesar de nuestras diferencias políticas en ese momento, compartíamos un sentido del humor seco y una aversión a las estructuras de poder dominadas por los hombres, y pronto nos convertimos en buenas amigas y aliadas en la sala de redacción.

Sam hacía la ronda por todo el condado, por lo que fue una de las primeras en informar sobre la controvertida resolución de la Rhea County Commission, que buscaba acusar a los gays y a las lesbianas de crímenes contra la naturaleza.

"No me entra en la cabeza que una chica inteligente como tú pueda ser una de ellos", dijo un día, mirando el monitor de su computador.

"¿Una de qué?", le pregunté.

"Una de esos evangélicos", me dijo.

"Bueno, no todos los evangélicos piensan que la homosexualidad debería ser ilegal", le dije. "De hecho, yo diría que la mayoría de los evangélicos en esta ciudad no estamos muy contentos con la decisión de la comisión".

"Oh, sí; yo lo sé", dijo, mirándome por encima de sus gafas y estudiándome con sus rápidos ojos marrones. "Es solo esa actitud... ya sabes, esa certeza ciega de que nunca se equivocan en nada".

"Tal vez si pudieras conocer mejor a más cristianos no pensarías eso", dije. "Tal vez si vinieras a la iglesia conmigo alguna vez".

Sam soltó una risa profunda y sin aliento.

"Veamos", dijo. "Soy demócrata, soy feminista y tengo amigos homosexuales. Algo me dice que no encajaría en la multitud de la iglesia".

Me di cuenta de que probablemente tenía razón, pero lo intenté nuevamente de todos modos.

"Puede que te sorprendas", le dije. "No es como si tuvieras que ser conservadora para ser cristiana".

Sam se rio tanto que comenzó a toser. "Bien, quizás alguien debería decirle eso a los cristianos", dijo finalmente; "O a Karl

Rove, dado el caso".

Al percatarse de mi decepción, agregó: "Escucha, te respeto y respeto tu compromiso con tu fe. Realmente, eres una de las mejores cristianas que conozco. Es solo que he tenido unos encuentros bastante desagradables con tus correligionarios evangélicos conservadores y yo no creo que esté hecha para ese estilo de vida. No me trago todo lo del fuego del infierno ni las cosas de la condenación, y definitivamente estoy muy lejos de todo ese cuento de "someteos-a-vuestros-maridos". No me puedo imaginar diciéndoles a mis amigos homosexuales que tienen que obligarse a ser heterosexuales, ni me puedo imaginar votando por un tipo como Bush solo porque es provida. Ahora; yo no tengo problemas con Jesús, pero me parece que si los cristianos evangélicos fueran los únicos que han resuelto el misterio de Dios, entonces ellos serían la gente más amable y generosa que uno se pueda encontrar por ahí. Sin ánimo de ofenderte, en mis más de veinte años en este negocio, no he descubierto que eso sea cierto. La mayoría de los cristianos que conozco solo están interesados en ganar argumentos, conversos y elecciones".

Debería haber estado lista con una respuesta, pero no lo estaba. La verdad era que pensaba que Sam tenía razón. En algún lugar del camino, el evangelio quedó enterrado bajo una enorme pila de extras: posiciones políticas, requisitos de estilo de vida y reglas tácitas que, por cualquier razón, proliferaron en el territorio cristiano. A veces, Jesús mismo parece estar cubierto bajo los escombros.

"Sé lo que quieres decir", le dije. "Lamento que la iglesia no se parezca más a Jesús".

"Oh, cariño, no es tu culpa", dijo Sam. "Probablemente sea solo porque la iglesia está dirigida por hombres".

Esta vez las dos nos reímos.

CAPÍTULO 19

Adaptación

Siempre es un poco vergonzoso cuando saltas al cuadrilátero lanzando puños a diestra y siniestra y no hay nadie allí para pelear contigo. Creo que así es como muchos de nosotros nos sentimos cuando nos dimos cuenta de que el mundo no se estaba haciendo las preguntas que habíamos aprendido a responder. Muchos de nosotros que crecimos en la iglesia o que recibimos una educación cristiana estábamos con la impresión de que el mundo estaba lleno de ateos y agnósticos y que la mayor amenaza para el cristianismo había sido el surgimiento del humanismo secular. Pero lo que encontramos cuando entramos en el mundo real fue que la mayoría de nuestros compañeros eran receptivos a las cosas espirituales. La mayoría creía en Dios, estaban abiertos a lo sobrenatural, y respetaban las ideas religiosas siempre que no se les forzara a aceptarlas. La mayoría eran como Sam. No estaban buscando evidencias históricas de la resurrección corporal de Jesús. Estaban buscando algunas señales de vida entre sus seguidores.

Ni una sola vez después de graduarme de Bryan me pidieron que presentara un argumento a favor de la viabilidad científica de los milagros, pero con frecuencia se me preguntó por qué los cristianos no éramos más como Jesús. Puedo haber conocido a una o dos personas que rechazaron el cristianismo porque tenían dificultades con la deidad de Cristo, pero la mayoría lo rechazó porque pensaban que aceptarlo significaba volverse en jueces de los demás, personas de mente estrecha, intolerantes y crueles. La gente no discutía conmigo por el problema del mal; discutía sobre por qué los cristianos no estábamos haciendo más para aliviar el sufrimiento humano, para apoyar a los pobres, y para oponernos a la violencia y a la guerra. La mayoría no buscaba una fe que les diera todas las respuestas; estaban buscando una que les diera la libertad de hacer preguntas.

En poco tiempo, aquellos de nosotros que se suponía que estábamos listos con las respuestas, comenzamos también a hacer preguntas. A medida que nos encontrábamos con nuevas culturas y tradiciones, se hizo cada vez más difícil que nos convencieran a nosotros (y a otros) de que los cristianos evangélicos en Estados Unidos tenían el monopolio de la verdad absoluta. Algunos de mis amigos que fueron educados para despreciar el catolicismo romano, por ejemplo, se sintieron repentinamente atraídos por la bella liturgia de la tradición y por su aprecio hacia el cristianismo histórico. Otros a quienes se les había enseñado que el protestantismo, la línea principal, era demasiado liberal, encontraron refrescante, si no esencial para la fe, su compromiso con la justicia social. Muchos de nosotros que una vez consideramos que las religiones como el budismo eran un mal unidimensional, empezamos a encontrar enriquecimiento espiritual en la práctica de la concentración y el yoga. Y estábamos lejos de un mundo en el que Estados Unidos era el único actor y gravitábamos hacia otro en el que varios países contribuían a un mercado de ideas colorido y vibrante. El presupuesto de que Dios pertenece a cierto país, a cierto partido político, a cierta denominación o a cierta religión parecía absurdo.

Mi generación está quizás mejor equipada que cualquier otra para defender la singularidad del cristianismo, pero también somos los más capaces de ver las cosas desde una perspectiva diferente. Así fue como comenzamos a deconstruir, a pensar más críticamente sobre nuestra fe, a escudriñarla, a examinar todas sus piezas y a debatir qué partes son esenciales y cuáles, en aras de nuestra supervivencia, podríamos dejar ir. En un período de solo tres años mi fe cambió dramáticamente, y supe que no estaba sola. El clima cultural estaba cambiando y otras personas de fe probablemente se estaban haciendo algunas de las mismas preguntas que yo. Entonces, como cualquier buena *millenial* consciente de sí misma, empecé un blog.

ADAPTACIÓN

Lo llamé *Evolving in Monkey Town*, y escribí sobre el proceso de tratar de descubrir qué partes de mi fe son fundamentales y cuáles no lo son. En poco tiempo, se fue desarrollando una pequeña comunidad virtual, y a medida que los comentarios empezaron a llegar, también lo hicieron las historias de supervivencia. Algunas personas habían luchado con el pluralismo religioso, otros con la Biblia. Algunos tenían preguntas sobre la homosexualidad, otros sobre la hipocresía. Algunos dudaban de la existencia de Dios, otros de la efectividad de la iglesia. Mientras intercambiaba correspondencia con varios de mis lectores, encontré que la mayoría de las veces no era el peso mismo de las preguntas lo que sobrecargaba su fe, sino más bien la noción de que no debería andar haciendo preguntas; eso no estaba permitido. Lo que pasaba en mi blog estaba sucediendo en muchos otros. Estaba pasando en salas de estar y en iglesias, en cafeterías y en bares, en Estados Unidos y en todo el mundo. El ambiente estaba cambiando, al igual que el cristianismo.

En el otoño de 2008, cuando voté por Barack Obama, no sabía realmente cómo era estar por fuera de la burbuja evangélica.

No se puede decir que fuera exactamente una fanática. No tenía en la pared de mi habitación el cartel *"Hope"*, de Shepard Fairey, ni tampoco pegatinas de Obama/Biden en el parachoques de mi auto. No estaba de acuerdo con algunas de las posturas de Obama, particularmente sobre el aborto, y me preocupaba su experiencia. Pero en la mayoría de los temas, incluida la atención médica, la política exterior, el medio ambiente, la pobreza y la economía, preferí su perspectiva a la de John McCain. También admiré su estilo de liderazgo y su capacidad para comunicarse.

No le huyo a la conversación cuando se trata de hablar de política, pero incluso yo me sentí abrumada por las respuestas hostiles que recibía de muchos de mis amigos conservadores. Me llamaron socialista y asesina de bebés. La gente cuestionó mi compromiso con la fe y con mi país. Algunos mencionaron que yo iría a enfrentar consecuencias eternas por mi decisión en la urna. Un amigo comparó a Barack Obama con Osama Bin Laden, otro dijo que él podría ser el Anticristo, y otro más preguntó por qué votaría por alguien que indudablemente marcaría el comienzo de la gran tribulación. Las mujeres a las que yo respetaba se referían a Hillary Clinton con nombres soeces y hacían chistes de ella yendo al infierno. Un compañero de trabajo, que es cristiano, dijo que él creía que el tumor cerebral de Ted Kennedy era el resultado de una intervención divina. Recibí correo electrónico tras correo electrónico con encabezados como "Jesús odia el programa de asistencia social", y "Vota por tus valores cristianos". Los pastores y los maestros me decían que mi decisión en la urna era la decisión más importante que yo haría en todo el año.

En lo que a mí respecta, las enseñanzas de Jesús son demasiado radicales para ser encapsuladas en una plataforma política o representadas por un solo candidato. No es de ningún político representar mis valores cristianos ante el mundo; eso depende de mí. Por eso siempre me siento un poco perpleja cuando alguien descubre que no soy republicana y pregunta: "¿Cómo puedes llamarte cristiana?".

Parece que mucha gente, tanto cristianos como no cristianos, tienen la impresión de que no puedes ser cristiano y votar por un demócrata, no puedes ser cristiano y creer en la evolución, no puedes ser cristiano y ser gay, no puedes ser cristiano y tener preguntas sobre la Biblia, no puedes ser cristiano y ser tolerante con otras religiones, no puedes ser cristiano y ser feminista, no puedes ser cristiano y beber o fumar, no puedes ser cristiano y leer el *New York Times*, no puedes ser cristiano y apoyar los derechos de los homosexuales, no puedes ser cristiano y deprimirte, no puedes ser cristiano y dudar. De hecho, estoy convencida de que lo que aleja a la mayoría de las personas del cristianismo no es el costo del discipulado sino el costo de los falsos fundamentos. Los falsos fundamentos hacen que sea imposible que la fe se adapte al cambio. Cuanto más larga sea la lista de requisitos, prerrequisitos y contingencias, tanto mayor será la vulnerabilidad de la fe ante los entornos cambiantes y tanto mayor será la probabilidad de que lentamente se vaya extinguiendo. Cuando el evangelio se enreda con extras, los ultimátums peligrosos amenazan con derribarlo. El yugo se pone demasiado pesado y tropezamos bajo su peso.

Siglos antes de que alguien hubiera oído hablar de la evolución biológica, San Agustín advirtió acerca de echar falsos fundamentos sobre los cuales construimos nuestra interpretación del libro de Génesis. "En asuntos que son tan oscuros y que están mucho más allá de nuestra visión", escribió, "encontramos en las Sagradas Escrituras pasajes que se pueden interpretar en formas muy diferentes sin perjuicio de la fe que hemos recibido. En tales casos, no debemos apresurarnos ni lanzarnos de cabeza como para tomar con suma firmeza nuestra posición en un lado si un progreso ulterior en la búsqueda de la verdad socava justamente esa posición, pues nosotros también caeremos en ella".[1]

Gracias al blog me encontré con todo tipo de personas, jóvenes y viejos, que ya no se consideraban cristianos debido a sus falsos fundamentos. "Tomé un curso de biología y me convencí de que la teoría de la evolución era sólida", dijo uno. "Estoy cansado de pelear las guerras culturales", dijo otro. "No puedo vivir con el pensamiento de que todos los no cristianos irán al infierno", dijo otro. Me frustra y entristece pensar en todas las buenas personas que han abandonado la fe cristiana porque sentían que tenían que elegir entre su fe y su integridad intelectual, o entre su religión y su compasión. Se me quiebra el corazón de tan solo pensar en todas las nuevas ideas que podrían haber contribuido si alguien no les hubiera dicho que esas nuevas ideas no eran bienvenidas.

Por supuesto, todos llevamos nuestros falsos fundamentos. Todos tenemos suposiciones y listas de reglas no examinadas, tanto escritas como tácitas, que hacen sentir su peso sobre nuestra fe. Todos tenemos nuestros pequeños patrones de medición que nos ayudan a determinar quién está "dentro" y quién está "afuera", y todos tenemos verdades que no queremos enfrentar porque tenemos miedo de que nuestra fe no pueda soportar ningún

---

1. Saint Augustine, *The Literal Meaning of Genesis*, trad. Y notas críticas por John Hammond Taylor, S.J. (New York: Newman, 1982), 1:41.

cambio. No les pasa solo a cristianos conservadores. Muchos de nosotros, que nos consideramos más progresistas, podemos ser tolerantes con todos, excepto con los intolerantes; críticos con los que juzgamos críticos e injustamente críticos de la tradición, de la autoridad, de la doctrina, del establecimiento o de lo que sea que estemos en el proceso de deconstruir en el momento. En cierto modo, todos somos fundamentalistas. Todos tenemos sistemas teológicos, posiciones políticas y estándares de moralidad favoritos que no son esenciales para el evangelio, pero a los que nos aferramos con tanta fuerza que dejamos las marcas de uñas en las palmas de las manos.

Jesús dijo: "Vengan a mí todos ustedes que están cansados y agobiados, y yo les daré descanso. Carguen con mi yugo y aprendan de mí, pues yo soy apacible y humilde de corazón, y encontrarán descanso para sus almas. Porque mi yugo es suave y mi carga es liviana" (Mateo 11:28-30).

Una vez, alguien le preguntó a Jesús sobre su yugo o enseñanza. Preguntó cuál pensaba que era la más importante de todas las leyes judías. Jesús, que siempre le salía al paso a una pregunta con otra, le respondió esta vez de una manera directa.

Él dijo: "'Ama al Señor tu Dios con todo tu corazón, con todo tu ser y con toda tu mente'... Este es el primero y el más importante de los mandamientos. El segundo se parece a este: 'Ama a tu prójimo como a ti mismo'. De estos dos mandamientos dependen toda la ley y los profetas" (Mateo 22:37-40).

Amor.

Es así de simple y así de profundo. Es así de fácil y así de difícil.

Tomar el yugo de Jesús no se trata de firmar una declaración de fe ni de hacer un compromiso intelectual con un conjunto de proposiciones. No se trata de tener razón ni de tener datos precisos. Se trata de amar a Dios y amar a otras personas. El yugo es difícil porque las enseñanzas de Jesús son radicales: amar al ene-

ADAPTACIÓN

migo, perdón incondicional, generosidad extrema. El yugo es fácil porque es accesible para todos: los estudiados y los ignorantes, los ricos y pobres, los religiosos y los no religiosos. Sea que nos guste o no, el amor está disponible para todas las personas en todas partes para ser interpretado de manera diferente, aplicado de manera diferente, enredado de manera diferente, y manifestado de manera diferente. El amor es más grande que la fe, y es más grande que las obras, ya que habita y trasciende a las dos.

El apóstol Juan, a quien los Evangelios describen como "el discípulo a quien Jesús amaba", lo explicó así en su carta a las iglesias cristianas en Asia Menor: "Queridos hermanos", escribió, "amémonos los unos a otros, porque el amor viene de Dios, todos el que ama ha nacido de él y lo conoce. El que no ama no conoce a Dios, porque Dios es amor. [...] Nadie ha visto jamás a Dios; pero si nos amamos los unos a los otros, Dios permanece entre nosotros y entre nosotros su amor se ha manifestado plenamente" (1 Juan 4:7-8,12).

Qué irónico que el elemento fundamental más importante de la fe cristiana sea algo relativo, algo que no se puede medir con ciencia, ni se puede sistematizar con teología, ni se puede administrar con reglas. Qué apropiado y qué extraño que Dios oculte su mayor secreto en esa cosa presente y esquiva que poetas, artistas, músicos, teólogos y filósofos han pasado siglos tratando de capturar de alguna forma, pero que todos conocemos en el momento en que lo experimentamos. Qué adorable y cuán terrible que la verdad absoluta exista en algo que realmente no puede ser nombrado.

Una de mis series de televisión favoritas de todos los tiempos es *Planet Earth*, de la BBC. Me encanta porque el narrador, David Attenborough, puede hacer que una colonia de cucarachas que se alimentan de un montículo de estiércol de murciélago de cien metros de altura suene como si fuera la cosa más maravillosa del mundo; y me encanta porque muestra de qué manera tan magnífica los organismos vivos pueden adaptarse a sus ambientes. De las pestañas extragruesas del camello bactriano salvaje, pasando por el denso pelaje blanco de la liebre del Ártico, hasta los dedos amarillos pegajosos de la rana de hoja deslizante, cada animal tiene una forma única de prosperar en su hábitat, ya sea un desierto polvoriento, una tundra nevada o las copas de los árboles.

Mira, nada más, el pez ángel de la cueva, por ejemplo. Estos pequeños peces son quizás las criaturas más especializadas de la tierra, ya que se han adaptado específicamente para la vida en las cascadas en las cuevas. Mientras que los peces ángel marinos son conocidos en todo el mundo por sus aletas coloridas y su atractivo en los acuarios, los peces ángel de las cavernas son feos como el pecado. Habiendo perdido el pigmento en su piel, se ven más como fantasmales serpientes aladas que como peces. Los ganchos microscópicos en sus aletas les permiten aferrarse a las paredes de la cueva como murciélagos. En una posición tan firme, pueden alimentarse de las bacterias que se precipitan por las cascadas. Las cuencas de sus ojos están vacías, sus cuerpos son alargados y viscosos.

Los científicos creen que un grupo de peces ángel marinos debió haber emigrado a las cuevas hace millones de años para escapar de los depredadores o para adaptarse al cambio climático. Como muchos habitantes de cuevas, con los años evolucionaron una ceguera y mejoraron otras funciones sensoriales porque en su entorno la vista ya no era útil. El pez ángel de la cueva vive exclusivamente en unas pocas cuevas remotas en Tailandia, y el equipo de *Planet Earth* se metió en todo tipo de problemas para capturar imágenes de estos pequeños sobrevivientes en su hábitat natural. Por supuesto, Attenborough, a quien imagino que se parece un poco a Bilbo Baggins, suena como si hubieran descubierto la Tierra Media.

El pez ángel de las cavernas ilustra cómo la supervivencia no siempre es bonita. A veces implica el crecimiento de garras en las aletas, o quedarse ciego para ver. Mi historia tampoco es bonita. Ni siquiera ha terminado todavía. Pero la cuento porque es la me-

ADAPTACIÓN

jor evidencia que tengo para respaldar mi teoría de la evolución: que la fe debe adaptarse para poder sobrevivir.

El apóstol Pablo escribió a los corintios que "si alguno está en Cristo, es una nueva creación. Lo viejo ha pasado; ha llegado ya lo nuevo" (2 Corintios 5:17). Los seguidores de Jesucristo son una especie en transición. La vida cristiana, tanto a nivel individual como colectivo, se compone de un ensamblaje incómodo de lo viejo y lo nuevo, de lo necesario y lo innecesario, de lo bueno y lo malo, de los pecadores y los redimidos. Adaptarse a un nuevo entorno es un desafío porque es difícil saber qué fundamentos son falsos y necesitan ser desechados y qué fundamentos son verdaderamente esenciales y necesitan desarrollarse y crecer. Estoy segura de que a veces lucimos un poco extraños, como el pez ángel aferrándose a las paredes de una cueva.

Todavía no tengo treinta años, pero siento que en los últimos años mi fe ha experimentado el cambio de toda una vida. He repensado algunas de mis creencias fundamentales sobre la Biblia, la salvación, la ciencia, la religión, la lotería cósmica, Jesús y la verdad. El proceso ha sido feo a veces, pero cada día me siento un poco más cerca de tener el tipo de fe que puede sobrevivir a la volatilidad del cambio constante, el tipo de fe que puede sobrevivir a mi duda y a mi miedo. No puedo decir siempre que me siento más cerca de Dios, las dudas a menudo regresan, pero creo que finalmente estoy empezando a entender que soy yo quien se está moviendo, no él. Al igual que la salvación, la evolución es un proceso cotidiano. Todavía estoy cambiando, y espero que siempre sea así.

CAPÍTULO 20

Dan el Arreglatodo

Mi esposo, Dan, es el tipo de personas que la gente escucha. Eso se debe que él está callado la mayor parte del tiempo; en realidad, la mayoría de las veces, con todo y sus 1,95 m. Elige sus palabras con cuidado y generalmente espera hasta que tenga algo significativo para contribuir a la conversación antes de intervenir. Me encanta que él siempre eleva el nivel del discurso, no con opiniones imponentes, sino con buenas preguntas. Incluso cuando sabe la respuesta, prefiere esperar hasta que se le pida que comparta sus pensamientos.

Es un hecho bien conocido que Dan puede arreglar casi cualquier cosa: automóviles, computadores, baños, televisores, sitios web, adaptadores inalámbricos, aviones de aeromodelismo ya desahuciados, camionetas desvencijadas, joyas rotas, lo que sea. Inteligente, ingenioso y atento a los detalles, Dan es un solucionador de problemas nato. Cuando decidió meterle su puñalada al mercado inmobiliario aprovechándose de un remate hipotecario de una vivienda vetusta de 1930 en el centro de Dayton, para repararla y luego venderla, yo sabía que podía hacerlo.

Nos encantó ese pequeño bungaló, con todo y pintura despegándose, las columnas a punto de caerse y la impresión de que se lo estaba comiendo un árbol cercano. Un sendero levantado por las raíces llevaba a un porche derrumbado que conducía a una puerta y su chirrido, la que te depositaba en un completo desastre en el interior. Los pisos en madera original yacían debajo de una capa de polvo y una alfombra vieja que olía a orina de gato y moho. Docenas de ventanas exigían ser reemplazadas. Los baños estaban inutilizables, ya que el agua estancada había causado que los pisos se pudrieran y había dejado charcos marrones turbios en las bañeras y en los inodoros. Alguien había comenzado a pintar las paredes de un color de algas verdes, pero se había detenido justo en medio de un brochazo.

A pesar de esa primera impresión, la casa se sentía sólida, había sido construida siguiendo un excelente plano, y la obtuvimos a un buen precio. Dan se lanzó al proyecto de reconstrucción sin pensarlo, levantando pisos, volviendo a enmarcar las paredes y reemplazando el pórtico. Pasó horas en un espacio oscuro y estrecho debajo de la casa, con solo una pulgada o dos entre su nariz y las viguetas del piso. Una vez, cuando abrió un agujero en la pared, heces de cucaracha se desparramaron como la arena de un reloj de arena. Se topó con recordatorios extraños de dueños anteriores de la casa: una Barbie desnuda en el cuarto de lavandería, fotos antiguas en un dormitorio, una caja de recetas de supositorios detrás del baño. Él llegaba de regreso con olor a yeso, tierra y sudor.

Hubo momentos en que me preocupaba que no se moviera lo suficientemente rápido. No veía mis colores de pintura meticulosamente elegidos en las paredes, ni los espejos —que yo había comprado a precio de ganga— sobre los lavabos. En el exterior, las cosas parecían empeorar, no mejorar. Herramientas, escombros y pedazos de madera yacían esparcidos sobre el piso, y se podía saborear el polvo de yeso en el aire. Pero Dan lo tenía todo planeado: demostración, reparaciones, acabado. Tuve que "respetar el proceso" y esperar que la estética apareciera más tarde. Primero, lo esencial. Todo me recordaba algo de lo que mi madre solía decir durante la limpieza de primavera, cuando reorganizábamos nuestros armarios y sacábamos todas las cosas de debajo de nuestras camas. "A veces tiene que ensuciarse antes de que pueda limpiarse".

Pensamos que todo el proceso llevaría unos seis meses, lo que en tiempo de inversión en la reparación de una de casa para la venta significa que tomaría alrededor de un año. Sin embargo, logramos venderla con un buen margen de ganancia durante la peor etapa del mercado inmobiliario que habíamos experimentado en nuestras vidas. Cuando Dan terminó, ya era la casa más bonita de la calle, con un revestimiento limpio de color pizarra, tonos de color azul claro, nuevas ventanas, un pórtico recién reconstruido y los números de la casa en un negro brillante en una de las columnas. Le tomé algunas fotos del tipo antes/después como si estuviéramos en HGTV.

Uno de los mejores regalos que Dan me pudo haber dado fue haber respondido a mi lucha con la duda con el mismo "respeto por el proceso" que él trajo a la operación de reparación y reventa. Es natural que la gente quiera arreglarme en el exterior, callarme, regañarme o advertirme que deje de hacer tantas preguntas. Dan, por el contrario, pareció entender mejor que nadie que este era un camino necesario en mi viaje de fe. A través de mi petulancia e inseguridad, mis lágrimas y mi ira, a través de mis noches más largas y días más oscuros, él me escuchó, me hizo preguntas, me ofreció su hombro y pacientemente me vio a través de toda la caminata. Supongo que él sabía que a veces algo tiene que ensuciarse antes de que pueda limpiarse.

CAPÍTULO 21

Viviendo las preguntas

Una vez, cuando era pequeña, mi eczema entró en una erupción tal que no pude dormir. Me revolqué y di vueltas en mi cama por horas, rascándome frenéticamente los brazos y las piernas hasta que sangraron y salpicaron las sábanas. Cada hora, más o menos, llamaba a mi madre o a mi padre, que se rotaban la tarea de embadurnar mi cuerpo con loción y ponerme calcetines limpios y frescos en las manos. A veces oraban conmigo. A veces me abrazaban o me acariciaban el pelo mientras yo lloraba en mi almohada.

En algún momento de la noche, justo cuando mi padre estaba a punto de dejarme después de otra rotación, le pregunté por qué Dios permitía que eso me sucediera, por qué Dios no hacía que mi eczema desapareciera. Yo recuerdo que él estaba de pie junto a la puerta de mi habitación, su rostro y las líneas en su frente iluminados por el suave resplandor de mi lamparita de noche. Recuerdo que tenía lágrimas en los ojos. "No lo sé", dijo, después de aclararse la garganta. "Pero yo sé que te ama".

Se dio la vuelta, cerró suavemente la puerta y escuché sus pasos lentos y pesados que le sacaban gemidos a las tablas del suelo hasta que bajó a la sala de estar. Mi padre, que había dedicado su vida a la educación cristiana, que podía leer el Antiguo Testamento en hebreo y el Nuevo Testamento en griego, que tenía un estante lleno de comentarios y una pared llena de diplomas, que predicaba sermones hermosos y escribía artículos elocuentes, no lo sabía.

Al principio yo estaba enojada; después tuve miedo. Pero mientras yacía en la oscuridad, rascándome, llorando y rezando, me di cuenta de que ninguna otra respuesta hubiera sido correcta. Ninguna otra respuesta podría hacerle justicia a la pregunta. Veinte años después, estoy convencida de que eso fue lo más importante que mi padre me dijo alguna vez.

Yo solía pensar que la medida de la verdadera fe era la certeza. La duda, la ambigüedad, los matices, la incertidumbre, todo eso representaba una falta de convicción, una debilidad peligrosa en la armadura del soldado cristiano que debía "estar siempre listo con una respuesta".

Con las mejores intenciones, la generación anterior a la mía trabajó diligentemente para preparar a sus hijos para que pudieran presentar un defensa inteligente de la fe cristiana. Se nos recordaban constantemente de la superioridad de nuestra propia cosmovisión y de las deficiencias de todas las demás. Aprendimos que como cristianos solo nosotros teníamos acceso a la verdad absoluta y que podíamos ganar cualquier argumento. Los versículos de la Biblia más apropiados eran elegidos para nosotros, se nos resumían las posturas opuestas, y nos articulaban las mejores respuestas para que no tuviéramos que bregar con dos mil años de deliberaciones y debates teológicos, sino que llegáramos al fondo de lo que era importante: la deidad de Cristo, la naturaleza de la Trinidad, el papel y la interpretación de las Escrituras, y los fundamentos del cristianismo.

Como resultado, muchos de nosotros ingresamos al mundo con un nivel de convicción sin igual y una falta de curiosidad paralizante. Así que, armados con las respuestas, ya no sabíamos cuáles eran las preguntas. Preparados para defender la fe, nos perdimos la emoción de descubrirla por nosotros mismos. Tan convencidos estábamos de que teníamos correctamente resuelto el misterio de Dios, que nunca se nos ocurrió que podríamos estar equivocados.

En síntesis, nunca aprendimos a dudar.

La duda es un animal difícil de dominar porque requiere que aprendamos la diferencia entre dudar de Dios y dudar de lo que creemos acerca de Dios. El primero tiene el potencial de destruir la fe; el último tiene el poder de enriquecerla y refinarla. El primero es un vicio; el segundo una virtud.

¿Dónde estaríamos si el apóstol Pedro no hubiera dudado de la necesidad de las leyes dietéticas, o si Martín Lutero no hubiera dudado de la noción de que la salvación se puede comprar? ¿Y si Galileo hubiera simplemente aceptado los paradigmas de cosmología instituidos por la iglesia, o William Wilberforce la condición de la esclavitud? Le hacemos una injusticia a las complejidades y sombras de la historia cristiana cuando pasamos por alto las luchas, cuando leemos las epístolas de Pablo o *Las confesiones* de San Agustín sin reconocer las preguntas difíciles que se hicieron estos creyentes y la agonía con la que con frecuencia las formularon.

Si he aprendido algo en los últimos cinco años, es que la duda es el mecanismo por el cual la fe evoluciona. La duda nos ayuda a desechar los fundamentos falsos para que podamos recuperar lo que ha sido perdido o abrazar lo nuevo. Es un fuego refinado, una llama ardiente que mantiene viva nuestra fe, moviéndose y burbujeando, allí donde la certeza solo la congelaría en un segundo.

Yo diría que la duda saludable (cuestionar las creencias propias) es quizás la mejor defensa contra las dudas insalubres (cuestionar a Dios). Cuando sabemos hacer una distinción entre nuestras ideas sobre Dios y Dios mismo, nuestra fe permanece segura cuando una de esas ideas es seriamente cuestionada. Cuando reconocemos que nuestra teología no es la luna sino el dedo que la señala, disfrutamos la libertad de cuestionarla de vez en cuando. Podemos decir, con Tennyson:

Nuestros pequeños sistemas tienen su día;
Tienen su día y dejan de ser;
No son más que luces rotas de ti,
Y tú, oh Señor, eres más que ellos.[1]

A veces me pregunto si yo hubiera pasado menos noches en

---

1. Alfred Tennyson, "In Memoriam A. H. H.", *Wikisource, the Free Library*, http://en.wikisource.org/wiki/In_Memoriam_A._H._H (consultado el 2 de septiembre de 2009).

oración enojada y resentida si hubiera sabido que mis pequeños sistemas —mi teología, mis presuposiciones, mis creencias, incluso mis fundamentos— no eran sino luces rotas de un Dios santo y trascendente. Cómo me gustaría haber sabido cuestionarlas, y no a él.

Lo que mi generación está aprendiendo de una manera difícil es que la fe no consiste en defender el terreno conquistado, sino en descubrir un nuevo territorio. La fe no consiste en estar en lo correcto, ni en colonizar una parcela doctrinal para morar allí, ni en negarse a cambiar. La fe es un viaje, y cada generación contribuye sus propios bocetos al mapa. Tengo millas y millas aún por recorrer, pero creo que puedo ver a Jesús allá adelante.

▼

En ocasiones, la gente me pregunta qué pienso de la verdad. Me preguntan si creo en la verdad, si pienso que es absoluta o si creo que es relativa. Estas son preguntas bastante sofisticadas para hacérselas a alguien que una vez perdió su lente de contacto en su ojo... por dos días.

Tengo la sensación de que lo que la gente realmente pregunta es: "¿Tú piensas que los cristianos están en lo cierto y todos los demás están equivocados?". Supongo que no estoy lista para dar una respuesta al respecto porque todavía no estoy segura de si ese es el punto.

Imagino que si existe la verdad absoluta, debe ser algo que experimentamos indirectamente, como el sol. Lo vemos en las sombras, lo vemos iluminando la luna, y sentimos cómo hormiguea nuestra piel, pero generalmente no es una buena idea tratar de mirarlo o guardarlo como si fuera solo mío, de nadie más. De vez en cuando, al leer la Biblia o Emily Dickinson, creo que me he topado con eso. Pero cuando trato de hablarle a Dan al respecto, no me sale bien. Creo que veo pequeños pedazos en toda la gente que conozco: en Nathan, en Laxmi, en Adele, incluso en June. Creo que está encarnada en la persona de Jesucristo, lo que significa que es relacional, porque todos experimentamos a Jesús un poco diferente.

Ya no estoy lista para dar una respuesta acerca de todo. A veces no estoy lista porque siento que una respuesta no le hace justicia a la seriedad o la complejidad de la pregunta. A veces no estoy lista para dar una respuesta porque honestamente no sé cuál es la mejor. A veces no estoy lista porque puedo darme cuenta de que la persona que pregunta realmente no quiere una respuesta.

Desafortunadamente, decir "no sé" ya no está de moda en los círculos cristianos, y yo misma todavía estoy tratando de acostumbrarme a decirlo. De carácter fuerte y un tanto testaruda, siempre temo que si permanezco en silencio o si muestro signos de ambivalencia, la gente va a imaginar que no puedo pensar por mí misma, que no he estudiado un tema o que no lo pensé bien. Como bien lo saben mis amigos, puedo tolerar una andanada de insultos crueles antes de tolerar la más leve insinuación de que yo no esté informada. Prefiero que la gente crea que no me baño lo suficiente y no que piensen que no leo lo suficiente.

En cierto modo, lo mismo ha sido cierto de la iglesia en los últimos tiempos. A veces, a los cristianos nos preocupa que si no proporcionamos respuestas claramente bosquejadas en una viñeta a todas las preguntas de la vida, la gente va a asumir que nuestra fe no es razonable. En reacción a ateos estridentes como Richard Dawkins, nos hemos vuelto demasiado ruidosos. La fe en Jesús se ha reformulado como una posición en un debate, no como una forma de vida.

Pero la verdad es que he encontrado que la gente es mucho más receptiva al evangelio cuando saben que abrazar la fe cristiana no les exige convertirse en sabelotodos. La mayoría de la gente que me he encontrado no busca una religión que responda a todas sus preguntas, sino una comunidad de fe en la que se puedan sentirse seguros cuando las hagan.

Cuando Pedro escribió por primera vez las palabras "estén siempre preparados para responder", estaba escribiéndole a una iglesia perseguida durante la época del emperador Nerón. Era un momento muy peligroso para ser cristiano. A Nerón le gustaba culpar a los seguidores de Cristo por todo lo que salía mal en el Imperio Romano, incluido el gran incendio de Roma del año 64 d. de C. Según la tradición, el mismo Pedro fue brutalmente crucificado. Pedro escribe: "Y a ustedes, ¿quién les va a hacer daño si se esfuerzan por hacer el bien? Dichosos si sufren por causa de la justicia. 'No teman lo que ellos temen, ni se dejen asustar'. Más bien, honren en su corazón a Cristo como Señor. Estén siempre preparados para responder a todo el que les pida razón de la esperanza que hay en ustedes. Pero háganlo con gentileza y respeto, manteniendo la conciencia tranquila, para que los que hablan mal de la buena conducta de ustedes en Cristo se avergüencen de su calumnia. Si es la voluntad de Dios, es preferible sufrir por hacer el bien que por hacer el mal" (1 Pedro 3:13-17).

Este no fue un consejo para un equipo de debate; fue un consejo para mártires. Pedro les pidió a sus lectores que tomaran coraje, que miraran a sus agresores a los ojos con paciencia y compasión, con gentileza y respeto. Los instó a vivir vidas que están más allá del reproche, a seguir las enseñanzas de Jesucristo y a amar a sus enemigos hasta la muerte. Este pasaje no tiene que ver con presentar una defensa de un conjunto de proposiciones sin miedo; se trata de defender sin miedo la esperanza: algo salvaje, fascinante e imprudente que no puede ser sistematizado, probado ni explicado racionalmente.

Pedro sabía que tal comportamiento podría despertar cierta curiosidad. Sabía que sus compañeros cristianos serían interrogados respecto de la vida de su comunidad radical y poco convencional. Al prepararlos para dar respuestas, asumió que ya les habían hecho algunas preguntas Nuestras mejores respuestas en defensa del cristianismo siempre serán símbolos ruidosos inútiles a menos que nuestras vidas lleven a que el mundo nos pregunte.

Mi amigo David, que tiene un doctorado en filosofía pero es discreto y no es pretencioso, lo dice de esta manera: "La creencia siempre es un riesgo, una apuesta, una aventura, por así decirlo. La línea entre la fe y la duda es el punto de acción. No necesitas certeza para obedecer, solo la disposición a arriesgarte a equivocarte".

Eso fue lo que él escribió en mi muro de Facebook.

Uno de mis poetas favoritos, Rainer Rilke, compartió este consejo con un joven escritor: "Ten paciencia con todo lo que queda sin resolver en tu corazón. Intenta amar las preguntas mismas como habitaciones cerradas y como libros escritos en un idioma extranjero. No busques las respuestas. No se te pueden dar ahora porque no pudiste vivirlas. Se trata de experimentar todo. En este momento necesitas vivir la pregunta. Quizás gradualmente, sin darte cuenta, te encontrarás experimentando la respuesta en algún día lejano".[2]

Hay muchas cosas que no sé. No sé de dónde vino el mal, ni por qué Dios permite tanto sufrimiento en el mundo. Yo no sé si existe una "guerra justa". No sé cómo va Dios a juzgar entre el bien y el mal al final de todo. Yo no sé cuál tradición eclesiástica representa mejor la verdad. No sé el grado en el que Dios está presente en los sistemas religiosos, o quién va al cielo y quién al infierno. No sé si el infierno es un estado eterno, temporal o cómo será. No sé cuáles relatos bíblicos deberían tratarse como narraciones históricamente precisas, relatos de hechos científicamente comprobables, y cuáles historias están destinadas a ser metafóricas. No sé si realmente importa, con tal que esas historias transformen mi vida. No sé cómo conciliar la soberanía de Dios con el libre albedrío del hombre. Yo no sé qué hacer con esos versículos de la Biblia que parecen aprobar el genocidio y la opresión de la mujer. No sé por qué tengo tantas preguntas, mientras que otros cristianos no parecen tener ninguna. No sé a cuáles de estas preguntas les encontraré respuestas y a cuáles no.

---

2. Rainer Maria Rilke, *Letters to a Young Poet* (Toronto: Random House of Canada, 1986), 34. (*Cartas a un joven poeta*, ©LibrosEnRed, 2010, www.librosenred.com nota tomada de la edición en inglés, nota del traductor).

Y, sin embargo, lentamente, estoy aprendiendo a amar las preguntas, como habitaciones cerradas y libros misteriosos, como árboles que aplauden y peces que trepan por las paredes de la cueva, como la niebla que se aferra a las estribaciones del Himalaya al igual que se aferra a los Apalaches. Y, poco a poco, voy aprendiendo a vivir las preguntas, a seguir las enseñanzas de un rabino radical para vivir en un reino al revés en el cual los reyes son humillados y los sirvientes exaltados, para mirar a Dios en los ojos del huérfano y la viuda, en las personas sin hogar y en los encarcelados, los pobres y los enfermos. Mi esperanza es que, si soy paciente, las preguntas mismas se disolverán en significado, las respuestas ya no importarán tanto, y tal vez todo tendrá sentido para mí en algún día lejano y ordinario.

Aquellos que dicen que tener una fe infantil significa no hacer preguntas, no han visto demasiados niños. Cualquiera que tenga niños, o que ame a los niños, o que haya pasado más de cinco minutos con niños sabe que ellos hacen muchas preguntas. Raramente están satisfechos con respuestas cortas, y rara vez pasan mucho tiempo absorbiendo la respuesta antes de pasar al siguiente "¿por qué?", "¿cómo?" o "¿ven?".

Los psicólogos dicen que la mejor forma de manejar a los niños en esta etapa de desarrollo es no responder sus preguntas directamente, sino, más bien, contarles historias. Como lo explica el pediatra Alan Greene: "Después de conversar con miles de niños, he decidido que lo que realmente quieren decir es: 'Eso es interesante para mí. Hablemos. Cuéntame más, por favor'".[3] Las preguntas son las formas en las que un niño expresa amor y confianza. Ellas son las formas en las que un niño inicia el diálogo. Son las formas en las que un niño dice: "Quiero tener una conversación contigo".

Entonces, cuando una niña le pregunta a su padre de dónde salió la luna, él podría decirle que la luna gira alrededor de la tierra

---

3. Alan Greene, "Why Children Ask 'Why,' " *DrGreene.com*, March 13, 2000: http://www.drgreene.org/body.cfm?id=21&action=detail&ref=564 (consultado el 2 de septiember de 2009).

y que refleja la luz del sol. Podría decirle que a la luna le gusta jugar al escondite con el sol, así que a veces la luna parece que se asoma por detrás de una cortina negra; a veces todo lo que puedes ver es la parte superior de su cabeza, y a veces ¡ni siquiera puedes verla! Podría contarle cómo la luna tiene brazos invisibles que pueden tirar de los océanos de un lado a otro, haciendo que las mareas suban y bajen. Podría decirle que los astronautas han caminado en la luna y jugaron golf allí y recogieron rocas lunares. Él podría decirle que la luna tiene hoyuelos y cráteres y cuencas que solo podemos ver con un telescopio y que hay un lugar especial en la luna llamado Mar de la Tranquilidad que no es realmente un mar. Entonces el padre podría salir con la niña, alzarla sobre sus hombros y dejarla mirar la luna por un rato. Podría recitar un poema sobre una vaca que salta sobre la luna o cantarle una canción sobre un niño soñador, y bailar lentamente con la niña. Pronto ella se perderá tanto en las hermosas historias de su padre que, para empezar, olvidará que alguna vez tuvo una pregunta.

Si hay una cosa que sé con certeza es que la duda aterradora —la clase de duda que lleva a la desesperación— no comienza cuando empezamos a hacerle preguntas a Dios sino cuando, por miedo, nos detenemos. En las más oscuras horas de confusión y en nuestros momentos más gloriosos de claridad, seguimos siendo pequeños niños curiosos, dependientes, que tiran frenéticamente de las manos extendidas de Dios y suplican con cada pregunta, cada oración y cada berrinche que podamos emitir: "¡Queremos tener una conversación contigo!".

Dios realmente debe amarnos, porque siempre responde con historias así de largas.

Agradecimientos

Gracias, Rachelle Gardner, por haberte arriesgado con una autora nueva y un título extraño. Gracias a la buena gente de Zondervan, especialmente a Angela, Brian, Mike, Laura y Beth, por aportarle al proyecto su experiencia y creatividad y, a la vez, preservar gran parte de su integridad. Gracias a Ben Williams por supervisar mi propuesta, y a Christian George, por habérselo mencionado a WordServe. Todo mi amor va para la comunidad de lectores y lectoras en www.RachelHeldEvans.com que inspiró buena parte de este libro y, sin duda, inspirará otro.

Tengo un agradecimiento especial para aquellos amigos cuyas historias compartí juntamente con la mía. La belleza y la complejidad de sus vidas superan por lejos los títulos que les di: soldado, apologeta, feminista, viuda, oxímoron, mejor amiga. Ustedes han sido una influencia saludable para mí en maneras que van más allá de lo que se puede expresar en un capítulo, y me han bendecido de muchas más formas de las que se pueden expresar en palabras.

Estoy más agradecida que nunca con los maestros que más me exigieron y más me animaron: Colleen Boyett, Connie Landreth, Richard Daugherty, Kari Ballentine, Ray Legg, Whit Jones, Beth Impson, John Carpenter y Ruth Kantzer. Un agradecimiento especial a la familia de Bryan College y a la buena gente de Dayton por hacer de *Monkey Town* un lugar tan encantador que da gusto llamar hogar.

Mamá, papá y Amanda, gracias por enseñarme a ser curiosa, a hacer preguntas y dar saltos de fe. Gracias por hacer que los capítulos sobre mi infancia fueran tan fáciles de escribir y agradables de leer.

Dan: tu nombre debe estar en la portada junto al mío porque

este libro no existiría sin ti. Gracias por espolearme a perseguir mis pasiones, por animarme cuando me sobrevino el desánimo, por no perder la fe —incluso cuando yo la perdí—, por sacrificar, por escuchar, por alentar y por amar incondicionalmente. No podría haber pedido un mejor compañero de vida, y no puedo esperar para ver las aventuras nuevas que nos aguardan.

www.ingramcontent.com/pod-product-compliance
Lightning Source LLC
Chambersburg PA
CBHW030109100526
44591CB00009B/346